博士论文
出版项目

员工主动服务客户
行为研究

The Study of Employees' Proactive Customer
Service Performance

张 慧 著

中国社会科学出版社

图书在版编目(CIP)数据

员工主动服务客户行为研究/张慧著. —北京：中国社会科学出版社，2020.10
ISBN 978-7-5203-6810-0

Ⅰ.①员⋯ Ⅱ.①张⋯ Ⅲ.①服务业—服务质量—研究 Ⅳ.①F719

中国版本图书馆 CIP 数据核字(2020)第 119902 号

出 版 人	赵剑英
责任编辑	王　曦
责任校对	李斯佳
责任印制	戴　宽

出　　版	中国社会科学出版社
社　　址	北京鼓楼西大街甲 158 号
邮　　编	100720
网　　址	http://www.csspw.cn
发 行 部	010-84083685
门 市 部	010-84029450
经　　销	新华书店及其他书店
印刷装订	北京君升印刷有限公司
版　　次	2020 年 10 月第 1 版
印　　次	2020 年 10 月第 1 次印刷
开　　本	710×1000　1/16
印　　张	14.75
插　　页	2
字　　数	201 千字
定　　价	86.00 元

凡购买中国社会科学出版社图书，如有质量问题请与本社营销中心联系调换
电话：010-84083683
版权所有　侵权必究

出 版 说 明

为进一步加大对哲学社会科学领域青年人才扶持力度，促进优秀青年学者更快更好成长，国家社科基金设立博士论文出版项目，重点资助学术基础扎实、具有创新意识和发展潜力的青年学者。2019年经组织申报、专家评审、社会公示，评选出首批博士论文项目。按照"统一标识、统一封面、统一版式、统一标准"的总体要求，现予出版，以飨读者。

全国哲学社会科学工作办公室

2020 年 7 月

摘　　要

　　员工主动服务客户行为是服务行业中员工表现出的一种自发的、长远取向的、持久性的服务行为，其目的在于满足客户需求，提高客户满意度，是服务型企业在激烈的竞争中取得成功的关键。因此，如何促进员工持续表现主动服务客户行为已经成为服务行业发展过程中亟待解决的问题。现有研究从人格特质、资源保存理论、组织认同理论和主动动机模型的角度对员工主动服务客户行为的发生机制进行了探讨，但却忽略了行为发生过程中员工与客户的频繁互动以及客户的能动性，缺少对员工主动服务客户行为与客户互动过程的探讨，更难以对员工持续地表现出主动服务客户行为进行解释。事实上，在服务交互的双向过程中，员工与客户在互动过程中可能存在相互影响的互动螺旋效应，成为影响员工持续表现出主动服务客户行为的关键。基于此，本书尝试将社会互动理论引入主动动机模型，在客户—员工互动视角下，深入挖掘员工主动服务客户行为与客户支持的互动螺旋机制，为员工持续表现出主动服务客户行为提供理论解释，并在此基础上开展相应的干预研究。近年来，医疗行业作为新兴服务行业也受到了广泛的关注，鉴于护理人员主动服务客户（患者）行为的价值和意义，本书以护理人员为研究对象开展具体研究，主要研究内容及结论如下：

　　（1）由于行为的情境依赖性，研究一旨在了解医疗行业中护理人员主动服务客户行为的表现形式，并开发相应的测量工具。首先对 27 名护理人员进行访谈，通过开放式编码、主轴编码、选择性编码编写问卷条目。然后邀请20位专家通过两轮德尔菲法进一步修改问卷条目。最后对509名护理人员进行问卷调查，将回收数据进行信度分析，并将数据随机分成两半，分别进行探索性因素分析和验证性因素分析，结果表明编制的单维度的护理人员主动服务客户（患者）行为量表信度、效度良好，可作为护理人员主动服务客户行为的测量工具。此外，为了在较大程度上解释护理人员主动服务客户行为出现的环境和条件，加深对行为产生的理解，研究二以T医院为典型案例，通过对25名护理人员的深度访谈，初步探讨护理人员主动服务客户行为的作用效果和影响因素。结果发现护理人员主动服务客户行为对组织、患者和员工自身都有积极影响；员工个体因素（如人格特质、一般能力特征等）、团队因素（如社会学习、团队氛围等）、组织因素（如组织认同、组织文化与政策等）和客户因素（客户支持、客户感恩等）对护理人员主动服务客户行为具有影响。其中员工主动服务客户行为与客户积极行为（例如，客户支持）之间还可能存在着积极的互动螺旋效应，员工可能通过主动服务客户行为促进客户积极行为，从而进一步促进员工主动服务客户行为，后续研究将继续对这一现象进行探讨和检验。

（2）为了全面了解我国员工主动服务客户行为的现状，研究三和研究四进一步通过大样本问卷调查的方法对员工主动服务客户行为的作用效果和影响因素进行了全面的探讨。研究三通过对540名护理人员进行调查发现员工主动服务客户行为对客户支持有正向预测作用，对客户欺凌有负向预测作用。研究四通过对125名领导和674名员工的配对数据进行调查发现团队层面因素（公仆型领导）、个体层面因素（员工主动性人格和客户取向观点采择能力）和客户因素（客户支持和客户感恩）对员工主动服务客户行为有正向预测作用。

（3）在客户—员工互动视角下，为了进一步挖掘客户的作用，研究五和研究六考察了客户支持对员工主动服务客户行为的作用机制。研究五采用日志法对158名员工进行连续10个工作日的调查，结果发现：员工当日感受到的客户支持对员工当日主动服务客户行为有显著的正向预测作用；客户支持能通过社会分享和三种主动动机状态（自我效能感、工作意义感和积极情绪）的中介作用对员工主动服务客户行为产生影响，其中包括社会分享和主动动机状态的单独中介作用，以及社会分享和主动动机状态的链式中介作用。研究六进一步对 80 个团队领导和 373 名员工的调查数据进行跨层分析发现：客户支持正向预测员工主动服务客户行为；员工主动动机状态（角色宽度自我效能感和工作意义感）在客户支持与员工主动服务客户行为之间起中介作用；员工主动动机状态（角色宽度自我效能感和工作意义感）在公仆氛围与员工主动服务客户行为之间起中介作用；公仆氛围对客户支持与员工角色宽度自我效能感之间的关系具有调节作用，当公仆氛围更高时，二者关系更强；公仆氛围调节了员工角色宽度自我效能感在客户支持与员工主动服务客户行为之间所起的中介效应，即公仆氛围越强，该中介效应越大。

（4）为了进一步阐释在客户—员工互动视角下，员工主动服务客户行为与客户支持的关系，研究七和研究八考察了员工主动服务客户行为与客户支持之间的互动螺旋效应。其中，研究七对 247 名员工间隔 3 个月的纵向调查发现：员工主动服务客户行为与客户支持之间存在互动螺旋效应，即员工主动服务客户行为对客户支持的滞后效应显著；客户支持对员工主动服务客户行为的滞后效应显著。研究八对 129 名员工间隔 1 周的四次纵向调查同样也发现了以上结果。这一结果说明客户—员工互动过程中，员工主动服务客户行为可以提高客户支持，进一步促进员工主动服务客户行为，从而促使员工持续表现出主动服务客户行为。

（5）在上述研究基础上，研究九开发了"每日分享"干预方案来提高员工主动服务客户行为。采用准实验设计的方式，对两个科室的 40 名员工进行干预研究，结果发现干预方案有效，干预组员工主动服务客户行为得到了显著提升，员工角色宽度自我效能感、工作意义感和积极情绪有显著提高，科室客户整体满意度也得到了显著提高。

　　本书的贡献主要体现在以下三个方面：首先，本书将社会互动理论的思想引入主动服务客户行为的研究中，体现了服务情境中员工与客户频繁互动的特点，首次从客户—员工互动的视角探讨了员工主动服务客户行为的发生过程，为理解服务交互中员工与客户相互影响的动态变化过程提供了新的理论视角。其次，本书拓展了主动动机模型的理论框架。主动动机模型认为组织内部因素和员工个体因素会通过影响员工主动动机状态来影响员工主动服务客户行为。本书将主动动机模型中主动动机状态的产生从组织内部因素和个体因素拓展到了组织外部因素（客户支持）和组织内部因素（公仆氛围）与外部因素（客户支持）交互作用的层面。更重要的是，本书发现员工主动服务客户行为与客户支持之间存在积极互动螺旋效应，首次为主动动机模型理论框架中持续主动动机状态的来源提供了可能路径，揭示了客户—员工互动螺旋的发生过程，为员工持续表现出主动服务客户行为提供了解释。最后，本书通过"每日分享"的干预方案来提升员工主动服务客户行为，有助于服务型企业在管理实践中促进员工持续表现出主动服务客户行为，提高客户满意度和员工工作体验，从而构建员工与客户之间健康、积极的互动关系，实现企业、客户和员工的共赢。

　　关键词：主动服务客户行为；客户支持；主动动机模型；社会互动理论；螺旋效应

Abstract

Proactive customer service performance (PCSP) refers to "self-started, long-term-oriented, and persistent service behavior" of service employees. Employees' PCSP has the potential to anticipate and meet the needs beyond customers' expectations and solve problems without being told, and it has been linked with high customer satisfaction, ultimate enterprise income, and the success of service organizations. Thus, how to improve employees to maintain high levels of PCSP over time that is critical for the service organizational development. Previous research has linked PCSP with a variety of potential antecedents from four perspectives, including the perspective of personal traits, conservation of resources, organizational identity, and proactive motivation model. While the existing studies often ignored the frequent interaction process between employees and customers, who as an important situational factor may have an impact on employee behaviors, and we also know little about why employees may maintain high levels of PCPS. In fact, the service interaction is a two-way process, which may lead to the spiral effect between employees and customers. Thus, the current studies integrate the social interaction theory into the proactive motivation model, aiming to gain more insight on the interaction spiral mechanism between employee PCSP andcustomer-initiated support to provide theoretical explanation for the maintaining high levels of PCSP. Moreover, an intervention program based on the results was designed and the effectiveness was tested. As it is applicable and valuable to investigate employee PCSP in hospitals as the service industry, data of these studies were collected through clinical nurses in China.

(1) To preliminarily examine the basic concept and key behaviors of nurses' PCSP and develop the corresponding measuring tool, 27 nurses were recruited to participate in an interview and the interview data was analyzed by the Consensual Qualitative Research method. The initial preliminary questionnaire items were developed basing on the interview content through three analytic procedures including open coding, axial coding, and selective coding, and two rounds of Delphi method with 20 experts. At last, reliability analyses, exploratory factor analysis, and confirmatory factor analysis were conducted with 509 nurses. This questionnaire had good reliability and structure validity; thus, it could be used as an effective measurement for PCSP in nurses. Besides, in order to explore the antecedents and outcomes of nurses' PCSP, study 2 conducted a qualitative study based on the Grounded Theory with the sample of T hospital. Through three analytic procedures including open coding, axial coding, and selective coding for analyzing the interview data from 25 nurses, we summarized that nurses' PCSP are beneficial for the hospital, customer (patients), and employees themselves. At the same time, four core categories of antecedents were summarized at the individual level (e.g. personal trait, general ability), team level (e.g. social learning, team climate), organizational level (e.g. organizational identity, organizational culture and policy), and customer level (e.g. customer-initiate support, customer gratitude). Moreover, we found that there was an interaction spiral between employee PCSP and customer positive behaviors (e.g. customer-initiate support). It suggested that employee PCSP was positively related to customer-initiated support, which in turn promoted employee PCSP. The following studies would examine the results with dyadic methods more effec-

tively.

(2) Study 3 and study 4 aimed to examine outcomes toward customers and general antecedents of employee PCSP to better understand employee PCSP. Study 3 was conducted to investigate the effect of employee PCSP on customer behaviors. Using a sample of 540 nurses, we found that employee PCSP was positively related to customer-initiated support and negatively related to customer mistreatment. In study 4, we collected two-wave time-lagged data from 674 clinical nurses and 125 supervisors. Results showed that servant leadership, employee proactive personality, customer-oriented perspective taking, customer-initiated support, and customer gratitude were positively related to employee PCSP.

(3) Drawing on the proactive motivation model and theories of motivational fit, the current study examined customer-initiated support as an antecedent of employee PCSP and investigated the mediating role of proactive motivations and the moderating role of serving culture of this relationship. We conducted two multilevel studies to test the proposed hypotheses. In study 5, we collected diary data from 158 nurses across 10 working days, and results showed that the relationship between nurses' daily experience of customer-initiated support and their PCSP was mediated by a model of serial mediation of social sharing and proactive motivation (self-efficacy, work meaning, and positive affect). In study 2, we collected multilevel multi-source data from 373 nurses nested within 80 units and found that nurses' experience of customer-initiated support was positively related to their supervisor-rated PCSP via role-breadth self-efficacy and work meaning, but not through positive affect. Further, team-level serving culture strengthened the positive relationship between customer-initiated support and role-breadth self-efficacy, such that the indirect relationships was stronger when there was a higher rather than lower level of serving culture.

（4）In order to further investigate the dynamic relationship between employee PCSP and customer-initiated support drawing on the perspectives of customer-employee interaction, study 7 and study 8 used two cross-lagged panel design to examine the spiral relationship between employee PCSP and customer-initiated support. We measured both customer-initiated support and employee PCSP twice with a 3-month lag with 247 nurses in study 7 and four times with one-week lag among 129 nurses in study 8, and found that employee PCSP had a significant lagged effect on customer-initiated support and customer-initiated support also had a significant lagged effect on employee PCSP, which provided evidence for the spiral relationship between employee PCSP and customer-initiated support.

（5）Based onthe studies above, study 9 developed an intervention program of "daily social sharing" to increase employee PCSP. We conducted a quasi-experimental field design, and pre- and post-intervention surveys were completed with one month apart. The sample included a total of 40 employees (intervention group: 20; control group: 20). Results demonstrated the positive effect of "daily social sharing" intervention on promoting employee PCSP, role-breadth self-efficacy, work meaning, and positive affect, and increasing customer satisfaction.

The contributions of this book are three-fold. First, this book extends the literature of PCSP by introducing the social interacting theory into the proactive motivation model, demonstrating the influence mechanism of employee PCSP from the perspectiveofpositive customer-employee interaction, which provide new insight for the dynamic process of maintaining employee high levels of PCSP. Second, proactive motivation model suggests that situational and individual factors can promote employees' proactive behaviors through three motivational pathways, including "can do", "reason to", and "energized to" pathways. This book contributes to the proactive motivational model by extending the factors promoting motivational state form internal organizational factors (e. g. team climate) to social context factors beyond the organization (e. g. customer-initiated support) and the interaction effect between the two (e. g. serving culture and customer-initiated support). Moreover, to our knowledge this book is the first to examine the spiral relationships between employee PCSP and customer-initiated support, clarifying the pathway to provide motivational state sustainably and how to keep employee maintaining PCSP in high level in customer-employee interaction. Third, this book has developed an intervention of "daily social sharing" to improve employee PCSP, which is valuable for organization to manage employee PCSP and promotecustomer satisfaction, employee positive experience during the work, enterprise income and the success of service organizations.

Key words: proactive customer service performance (PCSP); customer-initiated support; proactive motivation model; social interacting theory; spiral effect

目　　录

序　言 …………………………………………………………（1）

第一章　导论 …………………………………………………（1）
　第一节　员工主动服务客户行为 ………………………………（1）
　第二节　客户行为 ………………………………………………（17）
　第三节　本书的理论基础 ………………………………………（25）
　第四节　问题提出及总体研究设计 ……………………………（33）

第二章　我国护理人员主动服务客户行为初探 ……………（46）
　第一节　研究一：护理人员主动服务客户行为的
　　　　　内涵和测量 ……………………………………………（46）
　第二节　研究二：护理人员主动服务客户行为的作用
　　　　　效果和影响因素
　　　　　——基于T医院的案例研究 …………………………（60）
　第三节　本章小结 ………………………………………………（75）

第三章　我国员工主动服务客户行为现状
　　　　——以护理人员为例 ……………………………………（78）
　第一节　研究三：员工主动服务客户行为对客户
　　　　　行为的影响 ……………………………………………（78）
　第二节　研究四：员工主动服务客户行为的影响因素研究 ……（84）

第三节　本章小结…………………………………………（94）

第四章　客户支持对员工主动服务客户行为的影响机制………（96）
　　第一节　研究五：基于个体内水平的分析：一项
　　　　　　日志法研究…………………………………………（97）
　　第二节　研究六：基于个体间水平的分析：一项
　　　　　　跨层研究……………………………………………（113）
　　第三节　本章小结……………………………………………（129）

**第五章　员工主动服务客户行为与客户支持的互动
　　　　螺旋研究**………………………………………………（133）
　　第一节　研究七：长期互动螺旋研究………………………（135）
　　第二节　研究八：短期互动螺旋研究………………………（144）
　　第三节　本章小结……………………………………………（149）

第六章　员工主动服务客户行为的干预研究……………………（153）
　　第一节　研究九：基于"每日分享"的干预研究……………（153）
　　第二节　本章小结……………………………………………（162）

第七章　综合讨论…………………………………………………（164）
　　第一节　护理人员主动服务客户行为的内涵、影响因素和
　　　　　　作用效果……………………………………………（167）
　　第二节　员工主动服务客户行为的现状……………………（169）
　　第三节　客户支持对员工主动服务客户行为的影响机制……（170）
　　第四节　员工主动服务客户行为与客户支持的互动
　　　　　　螺旋效应……………………………………………（171）
　　第五节　"每日分享"干预方案的作用………………………（172）
　　第六节　理论贡献和实践启示………………………………（173）
　　第七节　不足与未来研究方向………………………………（176）

第八节　研究结论 …………………………………………（177）

参考文献 ………………………………………………………（179）

索　引 …………………………………………………………（207）

后　记 …………………………………………………………（210）

Contents

Preface ·· (1)

Chapter 1 Introduction ·· (1)
   Section 1   Employee proactive customer service performance
                (PCPS) ··· (1)
   Section 2   Customer behaviors ·· (17)
   Section 3   Theoretical foundations ··································· (25)
   Section 4   Questions development and research design ·········· (33)

**Chapter 2 Preliminary study of the nurses' PCSP
           in China** ·· (46)
   Section 1   Study 1:Concept and measurement of nurses'
                PCSP ··· (46)
   Section 2   Study 2:Outcomes and influence factors of nurses'
                PCSP——a qualitative study with the sample of T
                hospital ·· (60)
   Section 3   Summary of chapter 2 ····································· (75)

Chapter 3 State of the employees' PCSP in China ············· (78)
   Section 1   Study 3:The effect of employees' PCSP on customer
                behaviors ·· (78)

Section 2　Study 4:Antecedents of employees' PCSP .... (84)
Section 3　Summary of chapter 3 .... (94)

Chapter 4　The mechanism between customer-initiated support and employees' PCSP .... (96)
Section 1　Study 5:An analysis of the within-person relationship with a diary study .... (97)
Section 2　Study 6:An analysis of the between-person relationship with amultilevel design .... (113)
Section 3　Summary of chapter 4 .... (129)

Chapter 5　The spiral relationship between employees' PCSP and customer-initiated support .... (133)
Section 1　Study 7:The spiral effect in three-month lag ...... (135)
Section 2　Study 8:The spiral effect in one-week lag .... (144)
Section 3　Summary of chapter 5 .... (149)

Chapter 6　An intervention of improving employees' PCSP .... (153)
Section 1　Study 9:The intervention of daily social sharing ...... (153)
Section 2　Summary of chapter 6 .... (162)

Chapter 7　Discussion .... (164)
Section 1　Concept,influence factors and outcomes of nurses' PCSP .... (167)
Section 2　State of the employees' PCSP .... (169)
Section 3　The mechanism between customer-initiated support and employees' PCSP .... (170)

Section 4	The spiral relationship between employees' PCSP and customer-initiated support	(171)
Section 5	The effect of daily social sharing	(172)
Section 6	Theoretical contributions and managerial implications	(173)
Section 7	limitations and directions for future research	(176)
Section 8	Conclusion	(177)

References (179)

Index (207)

Postscript (210)

序　　言

　　新中国成立以来，我国服务业规模日益壮大，新产业层出不穷，已成长为国民经济第一大产业，在我国 GDP 中的占比也突破了 50%，成为我国经济稳定增长的重要基础。一线服务人员的表现能否满足客户的需求、提高客户满意度，已经成为服务行业发展的关键；如何促进员工持续地表现出主动服务客户行为，已经成为理论研究者和管理实践者共同关注的焦点问题。目前，研究者大多关注的是传统服务行业中员工主动服务客户行为。本书以医疗服务行业中护理人员为研究对象开展具体研究，这不仅能帮助我们更加全面地理解护患互动的动态过程，也将有利于在医院管理中实现组织、患者和护士的共赢，有助于构建护患之间健康的、积极的新型互动关系，进而为医疗服务行业发展和社会稳定奠定基础。

　　作者梳理了前人关于员工主动服务客户行为的研究，尝试将社会互动理论的思想引入主动动机模型，在客户—员工互动视角下，深入挖掘员工主动服务客户行为与客户支持的互动螺旋机制，为员工持续表现出主动服务客户行为提供解释，并在此基础上开展相应的干预研究。研究发现我国医院护理人员所表现出的主动服务客户行为不仅可以提高患者满意度，也能对员工自身产生积极影响；客户支持可通过社会分享和主动动机状态的作用影响员工主动服务客户行为；员工主动服务客户行为与客户支持之间存在积极互动螺旋效应；通过"每日分享"的干预方式，能有效提高员工主动服务客户行为。有别于以往研究将客户作为被动接受服务的对象，作者紧紧抓住服务情境中员工与客户频繁互动的特点，为解释员工主动服务客户行为发生的动态和持续过程提供了新的理论视角；所构建的员工主动服务客户行为与客户支持互动螺旋的理论模型，不仅为服务型组织中良好客户—员工关系的建立及其机制提供了理论解释，还为促进积极互动螺旋形成的实践干预方案奠定了理论依据。可以说，本书在理论阐释和社会服务实践上均进行了很有价值的探索与推进。

张慧能在学术道路上有所成长，离不开本科阶段天津师范大学教育科学学院白学军、闫国利等老师的言传身教；离不开硕士阶段导师徐富明老师的循循善诱；离不开硕士和博士阶段华中师范大学心理学院各位老师的谆谆教诲；更离不开工作阶段华中科技大学社会学院各位领导和老师对张慧的用心培养。感谢在张慧成长道路上，关注和帮助她前进的老师们。张慧专业基础扎实、学风严谨、虚心好学，不断开拓自己的研究领域。相信由张慧的博士学位论文加工成的本书的问世，只是其学术成长过程中的一个驿站。我期待着，并且相信她会在带领自己学生参与社会实践的过程中，取得更多的进步与成长。

马红宇[①]于桂子山

2020 年 3 月 24 日

---

① 马红宇：中国心理学会网络心理专业委员会副主任委员，华中师范大学心理学院教授。

第一章

导　　论

第一节　员工主动服务客户行为

近年来，第三产业在全球范围内蓬勃发展，在许多国家中占据了经济主导地位。世界各国纪实年鉴（*The Word Factbook*，2017）中的数据显示服务行业占世界 GDP 比重高达 60%，在我国也突破了 50%，并且依然处于持续上升的阶段。随着服务行业的快速发展，服务型企业也面临着越来越激烈的竞争；与此同时，一线服务人员的表现能否满足客户的需求已经成为服务型企业获得成功的关键所在（Raub & Liao，2012）。因此，如何让员工主动为客户提供良好服务，以满足客户需求、提高客户满意度，是服务型企业发展过程中亟须解决的问题（Raub & Liao，2012）。面对环境快速变化和客户需求日益多元化，员工传统的反应式的服务已经不能满足客户和行业发展的需求（Rank，Carsten，Unger，& Spector，2007；Raub & Liao，2012；Chen，Lyu，Li，Zhou，& Li，2017）。因此，企业需要员工在没有指导和监督的情况下，预测客户需求，主动为客户提供良好的服务。员工主动服务客户行为（Proactive Customer Service Performance，PCSP）作为员工主动预测并结合多方资源满足客户需求，有效提高客户满意度的积极服务行为已经受到了广泛的关注（Rank et al.，

2007)。目前研究者已经围绕这一概念展开了一系列研究，在本节中，笔者将对前人的研究进行梳理，分别回顾员工主动服务客户行为的兴起、概念、测量、作用效果、影响因素和理论基础，为本书探讨员工主动服务客户行为的发生机制和干预方式奠定基础。

一 员工主动服务客户行为的兴起

随着第三产业蓬勃发展，服务型企业也面临着激烈的竞争。当企业处于快速变化与高度多样化的环境时，外部环境的不确定性日益凸显，给企业和员工带来了巨大的挑战，服务型企业若想在激烈的竞争中取得优势，提高一线服务员工的表现、有效满足客户需求就至关重要（Li, Chen, Lyu, & Qiu, 2016）。因为与其他行业相比，服务型企业生产的是服务产品，具有以下三个关键特征：第一，非实物性，服务行业没有具体的产品，更多的是员工的服务表现；第二，同步性，即服务产品具有生产与消费同步的特点；第三，客户参与，服务交互过程中，客户与员工之间有着频繁的人际互动，这使得服务质量更难以控制且更为重要。因此，在服务型企业中迫切需要解决的问题就是如何提高员工的服务水平。

当前，日益多元化的客户需求和期望对服务型企业和员工都提出了新的挑战。企业管理中通过指定正式工作角色来控制、管理员工的方式已经不适用于一线服务人员（Griffin, Neal, & Parker, 2007），员工被动地按照工作要求和管理者的命令来工作已远远不能满足客户和企业发展的需求（Rank et al., 2007; Raub & Liao, 2012; Chen et al., 2017）。因此，企业对员工的要求不再仅仅局限于职位说明书上的岗位职责，而是希望员工承担更多责任，更富灵活性与自发性，能超越既定、有限的工作要求来主动解决问题并寻求改进机会，以便成功驾驭日益复杂的工作并应对外界的挑战（Belschak & Den Hartog, 2010）。例如，在没有指导和监督的情况下，预测客户需求，主动为客户提供持续性的服务。员工主动服务客户行为作为服务型企业中影响客户满意度的重要因素，在客户服务质量感知中发挥着重要的作用（Chen et al.，2017）。

在实践中，服务型企业的生存和发展需要员工进行主动服务客户行为，理论上学者们也从员工主动动机和工作角色变化两个方面推动了相关研究的发展。首先，工作动机的研究发生了转变。员工主动行为的本质是由积极工作动机驱使的个体行为，随着工作动机研究的深入，学术界对主动行为的关注也逐渐加强。传统的动机和绩效理论往往认为员工对情境是被动的、反应性的（Parker，Bindl，& Strauss，2010）。但是，人们逐渐意识到员工也可能积极塑造和影响环境。例如，员工可以为自己设立目标，并且对自己进行奖励（Grant & Ashford，2008）。为应对组织外部环境的快速变化，工作动机的研究视角也开始转向激发型，这种动机驱动的行为逐渐成为员工主要的行为反应，进而主动行为也成为学者们关注的焦点。目前，学者们开始关注员工主动行为在服务领域中的特殊表现形式（Raub & Liao，2012），即一线服务员工对其服务对象（客户）表现出的主动服务客户行为。因此，部分学者也从员工主动性的角度对员工主动服务客户行为的前因机制进行了探讨（Rank et al.，2007）。

其次，有关工作角色行为的研究也经历了重大转变，研究者认为工作角色绩效模型需要关注组织情境的动态特性带来的影响（Ilgen & Hollenbeck，1991）。例如，高情境不确定性限制了工作角色的正规化程度，并增加了工作角色随着情境变化而变化的可能性。受到工作情境动态变化的影响，正式的工作描述和详细的标准操作程序不能帮助员工有效执行所有任务，在面临不确定的工作情境中，员工的工作角色需要灵活变化（Griffin et al.，2007）。因此，一线员工在服务客户过程中灵活多变的工作角色为员工主动服务客户行为的兴起奠定了理论基础。

员工主动服务客户行为研究的兴起有机结合了主动行为和服务行为两个研究领域，为解决服务行业中的实践问题提供了理论支持，已成为当前主动行为和服务行为等研究领域关注的热点（刘喆、杨勇、唐加福，2017）。在服务型企业中，员工主动服务客户行为的提出主要是基于多变的服务情境和客户需求,通过主动服务客户行为为客户提供超过预期的服务(Parker, Williams, & Turner, 2006),以期提高客户满意度,并为服务型企业在竞争中占据有利位置奠定基础。因此,无论是大背景的经济发展,还是服务型企业的生存,实践需求为员工主动服务客户行为的兴起提供了必要性,也为了解员工主动服务客户行为的内涵和测量提供了途径;而工作角色和主动动机的研究发展在理论上推动了学者们对员工主动服务客户行为的关注,为探讨员工主动服务客户行为的前因机制奠定了理论基础。近年来,从积极组织行为学视角来看,学者们对探讨员工自发的、内在驱动行为的呼声越来越高,因此,员工主动服务客户行为已经成为理论界和实践管理者共同关注的焦点。

二 员工主动服务客户行为的概念

员工主动服务客户行为是指员工表现出的一种自发的、长远取向的、持久性的服务行为(Rank et al., 2007)。具体来说,第一,自发的行为,这意味着员工是自己做出这样的行为,而不是被告知要这样做,即员工的服务行为不是在客户或领导要求之后才做的。例如,餐饮行业的员工看到客户带着小孩子就餐时,主动给客户提供儿童餐椅;看到就餐过程中孩子吵闹,主动提供一些儿童玩具。第二,长远取向的行为,即员工在服务客户过程中表现出前瞻思维,员工会考虑客户未来的需求或可能遇到的问题,并确保其他同事在未来与客户互动时也能提供帮助。例如,客户在超市购买一些产品时,员工会主动告诉客户如何安装以及可能需要的其他服务信息。第三,持久性行为,强调员工使用各种资源,去满足客户多样性和快速变化的需求和期望,并且持续跟进,积极寻求客户反馈确保客户满意,持久性地提供"额外的"承诺服务。

为了进一步厘清员工主动服务客户行为的概念,笔者将一些与员工主动服务客户行为相关或相似的概念进行对比。首先,前人通过主动行为的定义强调了主动行为的特点。例如,Crant(2000)在主动行为的定义中强调了自主性，Grant和Ashford（2008）的定义强调前瞻预期，Park等（2010）将主动行为的特点总结为自发性，改变取向和未来取向。由此可以看出员工主动服务客户行为的特点与前人研究中总结的主动行为的特点相一致，说明员工主动服务客户行为也是一种具体的主动行为。目前，在主动行为的研究中，一些研究者将主动行为作为一般性构念（general constructs）进行探讨，主要包括前瞻行为、掌控行为（taking charge）、个人主动性（personal initiative）等；另一些研究者则主要关注企业中员工具体的主动行为（specific activities），如建言（voice）、反馈寻求（feedback seeking）、工作重塑（job crafting）、揭发（whistle blowing）、个体创新（individual innovation）、议题推销（issue selling）等（Belschak & Hartog，2010）。苏磊（2015）的研究发现我国服务型企业员工在工作过程中表现出的主动行为主要包括五种类型，即主动服务客户行为、建言行为、议题营销、积极问题解决行为以及问题与机会搜寻行为。在服务行业中，员工主动服务客户行为作为一种具体的主动行为，与其他类型的主动行为相比，也具有其独特性。例如，与建言行为相比，建言行为强调表达的建设性和挑战性，更多是员工针对领导或组织的行为，而主动服务客户行为是服务型企业中员工与客户在互动过程中表现出的行为，具有明确的服务导向，主要针对其服务对象，是实际执行服务过程中的行为。

其次，虽然一般服务绩效和员工主动服务客户行为都是影响客户满意度的重要因素，一般服务绩效指遵循正式的工作描述和服务要求，包括使用标准服务程序完成核心服务任务，但员工主动服务客户行为与一般服务绩效相比，主要的区别有：第一，从作用效果来看，员工主动服务客户行为对客户满意度的影响更大。因为客户满意度在很大程度上取决于与员工的互动以及服务在多大程度上超过客户的预期（Liao & Chuang 2004；Liao & Chuang，2007），一般服务绩效更多是对客户预期内的满意度的影响，超出预期的服务往往不是服务标准所规定的（Bitner，Booms，& Tetreault，1990），更多是员工主动服务客户行为的结果。第二，从具体特点来看，与一般服务绩效相比，员工主动服务客户行为中的前瞻思维和预期行动包括预测客户未来的需求，与其他服务人员建立有效的工作关系，以确保客户在不同员工之间有效过渡。员工主动服务客户行为已经超越了一般服务绩效的内容（Rank et al.，2007）。

最后，从内涵上看，与员工主动服务客户行为比较接近的两个概念是顾客导向型服务行为（Customer Oriented Service Behavior，COSB）和客户导向的组织公民行为（Organizational Citizenship Behavior to Customers，OCB-C）。COSB是关系营销中的一个重要概念，主要指员工提供的服务客户现在和将来需要的产品或服务，以满足客户需求，增加客户满意度（Ro & Chen，2011）。OCB-C是组织公民行为领域的一个分支，是服务型企业中员工针对客户的OCB行为，指员工帮助客户做的超出组织要求的客户导向行为。员工主动服务客户行为、COSB和OCB-C三者之间的相同之处主要有：第一，在作用对象方面，都是针对组织的外部目标——客户；第二，在作用效果方面，都有利于提高客户满意度和组织的服务绩效。但COSB、OCB-C与员工主动服务客户行为的区别主要体现在以下几个方面：

第一，从行为所包含的范围来看，COSB是一种以客户为导向的更宽泛的服务行为，例如，员工的乐于助人和合作等，而OCB-C与员工主动服务客户行为则是更为具体的行为。第二，从行为具体内容来看，由于员工主动服务客户行为结合了服务行为和主动行为两个领域，其自发性和主动性等特点与COSB和OCB-C有明显区别。从自发性来看，COSB和OCB-C经常是一些反应性行为（Grant & Ashford，2008），即这些行为可能是员工在问题识别提示后产生的。例如，员工对客户请求进行礼貌且有效的回应，可能员工是自觉运用既定的服务规范的行为，而服务过程中的额外和未经请求的行为则是员工主动服务客户行为中自发行为的结果。从长远取向来看，COSB和OCB-C更关注解决客户当下遇到的具体问题，而不强调前瞻性（Michel，Tews，& Kavanagh，2014）。但员工主动服务客户行为更强调长远取向的行为,包括预测客户未来的需求,遵守承诺,与其他员工建立伙伴关系,确保客户在不同员工间无缝对接。第三,从持久性来看,COSB 和 OCB-C 更多是工作场所的即时行为,而员工主动服务客户行为强调持久性的服务方式,例如,员工不仅会解决客户当下遇到的问题,还会持续跟进客户并寻求反馈,促进服务改进。

总之,员工主动服务客户行为属于主动行为中的一种具体行为,其内涵已经超越一般服务绩效、COSB 和 OCB-C,为企业的客户导向实施指出了具体方向。

三 员工主动服务客户行为的测量

目前,员工主动服务客户行为的测量主要以主动服务客户行为的定义和特点为基础,从对经理的访谈中提取出关键行为,针对服务型企业中的主管或员工进行测量。Rank 等(2007)开发了由主管评价的员工主动服务客户行为量表,包括 7 个条目,例如,"我的员工主动给客户分享信息以满足客户的经济需求"。该量表采用主管报告的方式,采用李克特 7 级评分(1 = 非常不同意,7 = 非常同意)。后续研究者大都采用了这一测量方式,它不仅适用于主管他评,也有很多学者将此量表修改后用作员工自评(Zhu, Lyu, Deng, & Ye, 2017; Raub & Liao, 2012)。此外,苏磊(2015)在中国服务型企业中,通过访谈探索了服务型企业中具体主动行为的类型组成,发现我国服务型企业中存在一种具体的积极服务行为,即员工主动服务客户行为,并在此基础上验证和修订了 Rank 等(2007)编制的员工主动服务客户行为量表,认为中国员工主动服务客户行为的测量包括 6 个条目,删除了 Rank 等(2007)的量表中"员工会主动确认客户的期望是否得到满足"这一条目。该量表采用员工自我报告的方式,是中国情境下服务型企业员工主动服务的测量量表。

四 员工主动服务客户行为的作用效果

目前,在员工主动服务客户行为作用效果的研究中,大多数研究都基于组织收益的角度来探讨员工主动服务客户行为的积极作用。从员工主动服务客户行为的提出和其内涵来看,员工在主动服务客户过程中,会预测客户现有的需求,挖掘其潜在需求,并主动提供服务满足客户需求,使其服务超出客户预期,提高客户满意度,Raub 和 Liao (2012) 的研究也支持了这一观点。但员工主动服务客户行为的积极作用不仅仅局限在提高客户满意度上,也可能进一步对组织中其他方面产生影响。

首先,在服务型企业中,提升客户满意度有助于提高客户品牌忠诚度。例如,在服务过程中,当客户对某一品牌服务非常满意时,客户可能还会继续购买或推荐身边的朋友来购买这一产品或服务(郑超,2014)。其次,客户在服务过程中的良好体验很可能通过一些网络信息渠道进行传播,其他客户在消费决策过程中可能会参考之前客户的一些评价,从而帮助企业以更低的成本吸引新客户。最后,Hong、Liao、Hu 和 Jiang (2013) 对服务型企业客户满意度的元分析发现,客户满意度正向预测企业的经济收入,提高组织整体绩效。市场研究报告显示在美国提高1%客户满意指数 (ACSI),能使一个中型企业增加550万美元的流动资金 (Gruca & Rego, 2005)。因此,员工主动服务客户行为不仅能提高客户满意度,更可能在此基础上进一步增进组织效能、降低成本、提升工作绩效和服务品牌,促使组织目标的达成。在服务行业的激烈竞争中,员工主动服务客户行为对服务型企业的发展具有重要意义。

五 员工主动服务客户行为的影响因素

在明确员工主动服务客户行为的积极作用后,如何促进员工主动服务客户行为已经成为研究者和管理实践者关注的重点。目前,研究者着重探讨了员工主动服务客户行为的影响因素及其机制。通过对以往研究的回顾和梳理,本章将从组织层面、团队层面、个体层面以及个体特征与组织情境交互作用四个方面对员工主动服务客户行为的影响因素进行归纳总结,组织层面主要是组织战略,团队层面主要包括领导行为、团队氛围、工作特征和工作情境,个体层面主要涉及个体特质、个体能力、个体态度和工作—家庭四个方面,具体内容见图1-1。

组织层面的因素

- 组织战略:高承诺组织(Chen et al., 2017)
  市场导向(Hamzah et al., 2015)

团队层面的因素

- 领导行为:变革型领导(Rank et al., 2007; Jauhari et al., 2017)
  真实型领导(Wu et al., 2016)
  辱虐管理(Lyu et al., 2016)
- 团队氛围:主动氛围(Raub & Liao, 2012)
  伦理氛围(Lau et al., 2017)
  服务氛围(Rank et al., 2007)
- 工作特征:任务复杂性、任务自主性(Rank et al., 2007)
- 工作情境:职场排斥(Zhu et al., 2017)
  性骚扰(Li et al., 2016)

个体层面的因素

- 个体特质:主动性人格(Rank et al., 2007)
- 个体能力:自我效能感(Raub & Liao, 2012)
  客户取向观点采择能力(Huo et al., 2014)
- 个体态度:组织情感承诺(Rank et al., 2007)
- 工作—家庭:工作—家庭关系(刘喆等, 2017);家庭排斥(Ye et al., 2019)

- 客户满意度
- 客户忠诚度
  (Raub & Liao, 2012)

- 员工主动服务客户行为

- 个体特征与组织情境交互作用
  主动氛围(Raub & Liao, 2012)
  服务氛围(刘喆等, 2017)

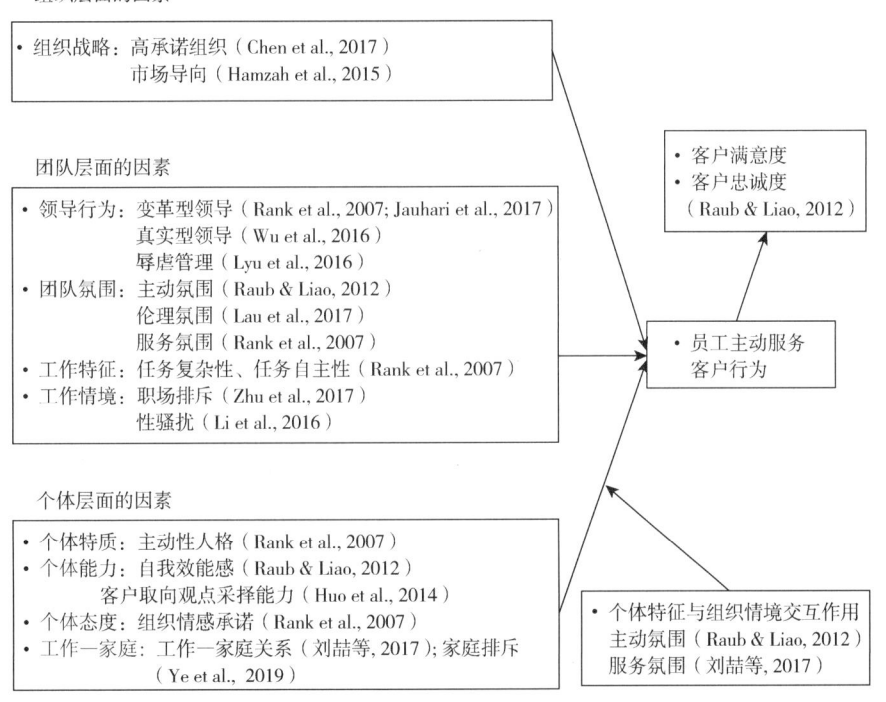

图1-1 员工主动服务客户行为的前因及结果变量

(一)组织层面因素

在组织层面关于员工主动服务客户行为影响因素的研究中,研究者关注到组织人力资源管理和组织市场导向的作用。高承诺组织(High Commitment Organization,HCO)是战略人力资源管理系统的重要内容,指通过一系列管理和人力资源实践(如内部培养选拔而非外请空降兵）使成员都具有较高承诺水平的组织（Collins & Smith，2006）。Chen 等（2017）以中国 94 家酒店的人事经理、一线服务人员及其同事为对象，发现高承诺组织人力资源管理系统能促进员工主动服务客户行为。因为高承诺组织人力资源管理系统能提高员工工作相关自我效能感，感知到组织支持和工作激情，让员工认为自己有能力、意愿和能量去表现出主动服务客户行为。高承诺组织人力资源管理系统从组织内部战略的角度说明了组织战略对员工主动服务客户行为的影响，而组织市场导向则从外部战略的角度说明了其作用。市场导向（Market Orientation）是由 Kohli 和 Jaworski（1990）提出的，指组织对市场情报的产生、传播和反应的行为，市场情报主要是关于客户的信息，包括对当前和未来的客户的需求以及市场相关的知识，特别是关于竞争对手和行业发展、供应的知识信息。市场导向信息有助于员工了解客户需求，更好地判断客户可能遇到的问题，并能够使员工积累服务技能和经验，促进员工做出更多主动服务客户行为（Hamzah，Othman & Hassan，2015）。

（二）团队层面因素

团队层面因素主要包括领导行为、团队氛围、工作特征和工作情境因素。在工作场所，领导者和团队氛围都是员工重要的社会信息源，都会对员工行为产生影响（Boekhorst，2015）。首先，研究者探讨了不同领导行为对员工主动服务客户行为的影响。例如，研究发现变革型领导能正向预测员工主动服务客户行为（Rank et al.，2007；Jauhari，Shailendra，& Kumar，2017）。因为变革型领导强调未来取向，关注集体利益，愿意考虑员工所关心的事情，并且能够灵活地给员工提供相应帮助，提高员工的情感承诺（杜玲毓、孙健敏、尹奎、彭坚，2017），促使员工主动考虑客户未来潜在需求并满足客户需求，表现出主动服务客户行为以提高客户对整个组织的满意度，促进集体利益实现。此外，Wu、Chen、Lee 和 Chen（2016）对台湾酒店服务人员的调查发现真实型领导能促进员工主动服务客户行为。因为真实型领导的自信、正直、与下属建立可信赖的真实关系，让员工能更好地接纳和专注于个人当下，通过提高员工的正念状态来促进其主动服务客户行为。虽然与变革型领导所产生的结果一样，但二者发挥作用的机制可能不同，变革型领导通过情感路径来影响员工主动服务客户行为，真实型领导可能通过认知路径来影响员工主动服务客户行为。除了这些积极领导行为，研究者也逐渐开始关注消极领导行为对员工主动服务客户行为的影响。例如，Lyu等（2016）对中国12家酒店的198名一线服务人员的调查发现，辱虐管理会减少员工主动服务客户行为。辱虐管理让员工感到被羞辱和轻视，自尊受到严重的威胁，导致他们感到沮丧，甚至怀疑其工作相关的能力。而且辱虐管理者对下属的贡献表现出较少尊重，会导致下属质疑他们的努力对自己或组织的发展是否有意义（Rafferty & Restubog，2011）。因此，领导辱虐管理会降低员工对组织的认同，减少为促进组织发展而进行的积极行为，例如主动服务客户行为。

其次，团队氛围主要关注的是员工多大程度上共享某一理念，目前研究主要关注的有主动氛围、伦理氛围和服务氛围等。例如，Raub和Liao（2012）的研究发现团队主动氛围正向作用于员工主动服务客户行为。因为在主动氛围下，团队鼓励员工自发的服务行为，主动氛围为领导和员工提供了主动服务客户行为有价值的信号，让员工意识到主动服务客户行为是被期待和被鼓励的，员工需要也应该表现出主动服务客户行为。与主动氛围不同，伦理氛围强调与客户建立长期关系，伦理氛围下员工更可能受到积极公平的对待，员工也更可能以这样的方式去对待其客户，为客户提供更好的服务（Luria & Yagil，2008）。Lau、Tong、Lien、Hsu和Chong（2017）以200名超市员工为对象，发现组织伦理氛围正向预测员工主动服务客户行为。此外，在服务型企业中与服务直接相关的就是服务氛围，指员工对企业支持优质服务的制度和奖励政策的感知（Schneider，White, & Paul，1998）。企业服务氛围越高，表明企业在鼓励员工积极完成工作、提供优质服务等方面投入的资源越多，员工越可能提供主动服务客户行为（Rank et al.，2007）。主动氛围、伦理氛围和服务氛围分别基于主动性、长远取向和服务性三个角度说明了团队氛围对员工主动服务客户行为的影响。

再次，相对于对领导行为和团队氛围的研究，研究者对员工工作特征和工作情境方面的影响因素的研究相对较少。在工作特征方面，研究表明工作任务复杂性和自主性与员工主动服务客户行为显著正相关（Rank et al.，2007）。任务复杂性反映了员工工作面临挑战的程度，复杂的任务激活了员工的积极性和灵活性，对于一线服务员工来说，为了应付复杂任务带来的挑战，员工需要利用自身的技能和知识来克服工作困难，表现出主动服务客户行为。而任务自主性为个体提供了安排工作和确定工作流程方面的独立自主性，为员工主动服务客户行为提供了条件。同时，任务自主性也能增强人们对工作成果的责任感，让员工有更强的意愿主动为客户提供良好服务。

最后，在服务行业中，员工主动服务客户行为也会受到工作情境因素的影响。例如，在工作场所，员工受到的职场排斥会增加其工作紧张感，降低员工的服务客户取向，进而减少主动服务客户行为（Zhu et al.，2017）。此外，在与客户互动中，员工也可能受到客户的无礼对待而成为受害者。例如，Li 等（2016）对酒店业员工的调查发现员工在工作场所受到性骚扰会显著降低员工主动服务客户行为。因此，工作情境因素很可能成为影响员工主动服务客户行为的限制因素，组织需要为员工提供一个适宜的工作情境，让员工有更多的可能性去进行主动服务客户行为。

（三）个体层面因素

影响员工主动服务客户行为的个体层面因素主要包括员工个体特质、个体能力、个体态度和工作—家庭因素。首先，在个体特质方面，主动性人格强调改变导向和自发性，已经成为影响员工主动行为的一个重要特质变量（周贻，2016）。Rank 等（2007）的研究也发现主动性人格正向预测员工主动服务客户行为。其次，在个体能力方面，自我效能感和客户取向观点采择能力从个体技能的角度说明了二者对员工主动服务客户行为的影响。自我效能感越高的个体认为自己有能力给客户提供好的服务，从而更可能表现出主动服务客户行为（Raub & Liao, 2012）。客户取向观点采择能力指员工想象自己处在客户的位置并且适应客户角度的认知加工的能力（Axtell, Parker, Holman, & Totterdell, 2007），Huo、Lam 和 Chen（2014）对一家五星级酒店的一线服务人员的调查发现客户取向观点采择能力越高的员工，其主动服务客户行为越多。这可能是因为高客户取向观点采择能力的员工能更好地觉察到客户的需求，为员工主动服务客户行为提供了基础。再次，员工对组织的态度对其主动服务客户行为也有重要影响。例如，员工组织情感承诺越高，员工越可能表现出主动服务客户行为（Rank et al., 2007）。最后，家庭因素作为影响员工工作表现的重要因素（林忠、鞠蕾、陈丽，2013），也可能对员工主动服务客户行为产生影响。例如，Ye、Zhu、Chen、Kwan 和 Lyu（2019）发现员工的家庭排斥对员工主动服务客户行为有负向影响，刘喆等（2017）发现工作—家庭增益和家庭—工作平衡对员工主动服务客户行为有正向影响，工作—家庭冲突对员工主动服务客户行为有负向影响。

（四）个体特征与组织情境交互作用

以往研究在宏观、中观和微观三个层次上对员工主动服务客户行为的影响因素都做了系统的分析，目前研究更倾向于关注高层情境与低层特征因素的跨层调节作用，其目的是探讨人与环境交互作用对员工主动服务客户行为的影响。例如，Raub 和 Liao（2012）对多个国家的 74 家连锁酒店的 940 名一线服务员工进行调查发现，主动氛围调节了自我效能感对员工主动服务客户行为的影响，在高主动氛围下这一关系更强。刘喆等（2017）分析工作—家庭关系对员工主动服务客户行为的影响时也发现，组织服务氛围能调节这一关系，并且随着组织服务氛围的提高，工作—家庭界面的正向影响将增强，负向影响将减弱。

总之，目前研究者从不同层面对员工主动服务客户行为的前因进行了探讨。但整体来说，员工主动服务客户行为的研究还处在起步阶段，要想更加全面细致地了解员工主动服务客户行为的具体前因及其机制，不仅要关注员工个体因素和组织内部因素（例如，组织层面因素和团队层面因素），还需要关注组织外部因素中客户因素的作用，因为员工在服务过程中与客户发生着频繁的互动，客户也不再是被动地接受服务（Dong, Liao, Chuang, Zhou, & Campbell, 2015）。然而目前研究中却忽略了客户这一重要因素，未来研究需要进一步从行为发生过程的角度，考察客户因素在员工主动服务客户行为中的作用。

六　员工主动服务客户行为发生的理论基础

目前研究者对员工主动服务客户行为前因变量的认识已相对丰富，其影响机制主要有以下四种研究取向：第一，从人格特质的视角，认为具备主动性人格的个体对待外部环境表现更积极，更能识别机会和采取主动行为。第二，将员工主动服务客户行为作为一种需要消耗资源的行为，从资源保存理论的视角考察影响员工资源损耗的因素，更多关注到资源的外部限制作用。第三，将员工主动服务客户行为看成一种有利于组织发展的行为，从组织认同的视角考察组织因素的影响。第四，将员工主动服务客户行为看成员工目标产生和努力实现目标的过程，基于主动动机模型从动机的角度考察员工主动行为产生的过程。目前对于员工主动服务客户行为发生机制的理论解释主要包括资源保存理论、组织认同理论和主动动机模型。

（1）基于资源保存理论的视角。资源保存理论主要从外部条件的角度解释了哪些组织情境因素会影响员工主动服务客户行为。资源保存理论由 Hobfoll（1989）提出，其基本观点是人们会尽力地保存和积累各种资源，个体具有努力获得、维持和建立自身资源的本能。当个体所处的环境使其知觉到可能失去某种资源或获得新资源的可能性较小时，个体会产生压力并试图保存现有资源并尝试获取新资源，这些资源包括实物资源、身份资源、个人资源以及能量资源。当个体面对压力情境时，他们可能要消耗一定的资源去应对压力，使个体更可能倾向于保存资源，因此，当员工感知到资源消耗时，更可能减少工作中的资源投入。而员工主动服务客户行为要求员工积极关注客户需求，思考客户可能遇到的问题，这些都需要消耗员工的资源，因此，资源损失时，员工会减少主动服务客户行为。例如，研究发现组织中的谣言（Wu, Kwan, Wu, & Ma, 2015）、职场排斥（Zhu et al., 2017）和家庭排斥（Ye et al., 2019）都会消耗个体资源，使员工减少主动服务客户行为。

（2）基于组织认同理论的视角。组织认同是员工按照所属群体的特点来调整自己的行为，塑造自己的特质（Brewer & Gardner, 1996）。员工对组织的认同感越高，越会表现出有利于组织的行为。而且员工的行为会呈现出去个人化（depersonalization）的特点，他们会按照组织的价值观和目标来调整个人行为（Hogg & Terry, 2000）。员工会从内心将自己视为组织成员，把组织利益视为个人利益。因此，具有高度组织认同感的员工为了更好地实现组织利益，在面对客户时会表现出更多的主动服务客户行为，以此来提高客户满意度，促进服务型企业的目标达成。例如，研究发现辱虐管理会降低员工的组织认同感，导致员工减少主动服务客户行为（Lyu et al., 2016）。

（3）基于主动动机模型的视角。主动动机模型（Parker et al., 2010）认为员工个体因素和组织内部因素会通过影响员工主动动机状态来影响员工主动行为，主要包括以下三条作用路径：①能力动机状态（"can do" motivation），即个体认为自己有能力完成任务的程度，主要关注个体的预期，例如自我效能感和控制感等。②意愿动机状态（"reason to" motivation），即个体愿意改变未来的程度，主要关注个体意愿或评价，例如目标取向、心流及兴趣等。③能量动机状态（"energized to" motivation），即个体是否有足够的积极情绪驱使他们完成前瞻行为，主要关注高激活积极情绪的作用。当个体认为自己有能力、有意愿且（或）有能量进行主动服务客户行为时，个体更可能会表现出主动服务客户行为。例如，Chen 等（2017）发现高承诺人力资源管理通过激发个体与工作相关的自我效能感（能力途径），感知到组织支持（意愿途径）和工作激情（能量途径）这三种主动动机状态来提高员工主动服务客户行为。在主动动机模型中既可以同时考虑主动动机状态三条路径的作用，也可以考察其中部分路径的作用。例如，Raub 和 Liao（2012）的研究只考察了角色宽度自我效能感（能力途径）和主动氛围（意愿途径）的作用。

目前，研究者基于不同的理论基础，试图从不同角度构建员工主动服务客户行为的发生机制模型。但其中前三种视角都是从行为结果的角度来看待员工主动服务客户行为，忽略了其行为的发生过程及内在因素。在此基础上，主动动机模型从动态的视角审视主动行为产生的过程，打破了原有研究从静态特征考虑个体行为的局限性，从动态角度系统地揭示了个体主动行为发生的过程。在目标的产生和维持过程中，都需要员工主动动机状态的作用，员工主动动机状态才是促使员工主动行为的关键（Parker et al., 2010）。Cai、Parker、Chen 和 Lam（2019）在主动行为的综述中提出 80% 的中介变量都适用于主动动机模型，例如，基于组织认同视角的认同可以作为意愿路径的指标之一；基于资源保存视角的情绪耗竭可以作为能量路径的指标之一。因此，在主动服务客户行为的研究中，关注员工主动动机状态是理解主动服务客户行为影响机制的重要研究视角和趋势（Cai et al., 2019）。

尽管现有研究已经从不同理论视角探讨了员工主动服务客户行为的发生机制，为解释员工主动服务客户行为的发生提供了较为丰富的观点，但目前研究均以员工为中心，将客户作为被动接受服务的对象，而实际上客户也是具有主观能动性的个体，能在与员工互动过程中对员工行为产生影响（Dong et al., 2015）。员工主动服务客户行为是发生在与客户的频繁互动中（Grandey, Kern, & Frone, 2007; Dong et al., 2015），而且客户在服务过程中并不是完全被动地接受员工服务（Karakowsky, DeGama, & McBey, 2012），这提示我们需要从积极角度考察客户的作用。然而以往研究往往忽略了客户作为一种重要的工作情境因素也会对员工主动服务客户行为产生影响，更缺少对员工主动服务客户行为与客户互动过程的探讨。这导致目前研究在分析员工主动服务客户行为发生的动态、持续过程方面仍然是不足的，也使得我们在理解员工主动服务客户行为的发生机制方面存在欠缺。因此，未来研究有必要考察员工主动服务客户行为的动态变化过程，将互动理论引入到客户—员工互动研究中来理解员工主动服务客户行为发生的动态过程，为员工持续表现出主动服务客户行为提供理论解释。

第二节 客户行为

一 客户行为的研究现状

服务型企业的特点之一就是客户参与，在服务交互过程中，员工与客户的互动过程不论是对客户感知到的服务质量还是对员工的工作体验都有重要的影响（Dong et al., 2015）。由于服务行业的独特性，客户对服务型企业具有重要作用和意义：首先，客户是服务型企业绩效和发展的关键。因为客户作为服务的中心，是服务型企业和员工的收入来源，客户通常可以决定在未来的消费过程中，是否选择同一服务人员或服务型企业（Groth & Grandey, 2012）。例如，当客户对服务满意时，客户可以把企业的服务介绍给他们的朋友，而当客户对服务不满意时，他们则可能劝说他人选择其他服务型企业（Bowen, 1983; Zhao, Huo, Flynn, & Yeung, 2008）。其次，对于一线服务人员来说，随着客户越来越多地参与到服务过程中，相比同事和领导，员工与客户之间有着更频繁的互动，客户已经成为影响员工行为最接近的信息来源（Dong et al., 2015）。相关研究认为客户能够通过提供关键反馈信息来帮助员工改善他们的服务，因为客户在体验服务的过程中拥有更加确切的信息和亲身体验（Bogers, Afuah, & Bastian, 2010; Foss, Laursen, & Pedersen, 2011; Ordanini & Parasuraman, 2011; Schneider, Ehrhart, Mayer, Saltz, & Niles-Jolly, 2005）。这意味着客户可以通过对员工提供独特的信息和视角来影响服务过程，因此，在员工主动服务客户行为发生过程中需要进一步考察客户的作用。

目前，关于客户—员工服务交互的研究主要可以分为以下三类：第一，从消极客户—员工关系的角度，将客户看作员工的对立面，探讨了客户不公平行为、无礼行为、客户欺凌等对员工健康和工作行为等方面的消极影响（Koopmann, Wang, Liu, & Song, 2015），包括降低员工幸福感（Liu et al., 2017）、下班后的恢复水平（Park & Kim, 2018）、增加工作—家庭冲突（Chi et al., 2018）、不健康饮食（Liu et al., 2017）和冲动购物行为（Song et al., 2018）；降低工作绩效（Hu, Zhan, Garden, Wang, & Shi, 2017），更多地表现出针对客户的破坏行为（Baranik, Wang, Gong, & Shi, 2017; Skarlicki, van Jaarsveld, Shao, Song, & Wang, 2016; Wang, Liao, Zhan, & Shi, 2011）、报复行为（Mullen & Kelloway, 2013）和工作退缩行为（Chi et al., 2018）等。

第二，研究者逐渐认识到客户也可能成为员工服务交互过程中的合作者，从积极客户—员工关系的角度，探讨了客户授权、客户支持和客户感恩等对员工情绪和行为的积极影响（Dong et al., 2015; Zimmermann, Dormann, & Dollard, 2011; Converso, Loera, Viotti, & Martini, 2015）。例如，Dong 等（2015）的研究发现客户授权正向预测员工的创新服务绩效，Converso 等（2015）的研究发现客户感恩负向预测员工工作倦怠。

第三，从社会互动的视角考察员工行为和客户行为之间可能存在的互动螺旋效应。Groth 和 Grandey（2012）认为员工消极服务和客户欺凌之间存在消极互动螺旋效应，使员工和客户关系"越来越差"。服务交互是一个双向的过程，服务结果是由员工和客户共同决定的（Ma & Dubé, 2011）。根据社会互动理论，客户、员工在服务交互过程中，可能存在相互影响。那么，在客户—员工互动过程中，员工能否通过主动服务客户行为来打破这一消极互动螺旋，促进客户—员工积极互动螺旋的形成，这一过程还需要我们进一步探讨和验证。

虽然目前大多数研究都是从消极客户—员工关系的角度考察客户消极行为的影响，但是在客户—员工互动中，目前的研究也已经开始从积极客户—员工关系的角度探讨客户积极行为的作用（Zimmermann et al., 2011; Dong et al., 2015; Martini & Converso, 2014）。以上关于客户行为研究内容的转变为本书探讨的问题提供了较好的基础，也启发我们进一步从积极客户—员工互动的角度挖掘客户积极行为的潜在价值，对员工和客户的积极互动过程进行更为深入的探索。支持作为工作场所重要的资源，已经受到了研究者的广泛关注（Han, Bonn, & Cho, 2016; Karatepe, 2015），对于服务人员来说，他们不仅可能获得组织内部的领导和同事的支持（McCarthy, Trougakos, & Cheng, 2016），也可能会得到来自组织外部的客户的支持（Zimmermann et al., 2011）。因此，本书将着重从积极互动的视角考察员工主动服务客户行为的发生机制，下文中将进一步梳理前人关于客户支持和客户—员工互动螺旋的研究。

二 客户支持

客户支持（Customer-initiated Support）指在与员工在互动过程中，促进员工积极工作体验的客户行为，主要包括客户对员工的积极行为和积极语言表达（Zimmermann et al., 2011）。例如，Bettencourt 和 Brown（1997）、Groth（2005）提出的客户公民行为和客户角色外行为；Rosenbaum 和 Messiah（2007）提出客户对员工自愿的社会支持行为。根据人际互动的内容，员工体验到的客户支持主要包含以下内容：（1）行为支持：配合员工完成工作，例如，在员工工作繁忙时，帮助员工填写文件，帮助员工完成服务内容；（2）信息支持：为员工工作中的服务提供相关的知识和信息支持，帮助员工简化工作流程;(3)反馈支持:在与员工沟通中,为员工工作提供有效的客户反馈并相信员工能做好;(4)情感支持:对员工工作表现的夸奖和欣赏,例如,对员工说"您做得太好了";(5)建立连接:对员工表现出喜欢和感谢,例如,对员工说"太感谢您了"。

对于客户支持的测量,Zimmermann 等(2011)根据社会支持的内容编制了客户支持量表,包括 5 个条目,例如,"客户愿意配合我的工作安排"。该量表采用员工自我报告的方式,采用李克特 5 级评分(1 = 非常不同意,5 = 非常同意)。Converso 等(2015)以意大利医护人员为被试,再次检验了 Zimmermann 等(2011)编制的客户支持量表的信效度。因此,本书也将采用 Zimmermann 等(2011)编制的客户支持量表。

目前,已经有为数不多的研究关注到客户支持的价值。研究者基于资源保存理论、情绪感染理论和情感事件理论考察了客户支持对员工情绪、态度和行为等方面的积极作用。

首先,资源保存理论将客户支持作为一种支持性的积极资源,认为积极资源能通过积极体验来建构。根据 Hobfoll(1989)对资源的定义,那些在服务交互过程中能为员工获得幸福感,减少压力反应,促进个人和组织目标实现(例如满足客户需求,增加工作满意度等)的环境条件、对象和个体特征都是员工的心理资源。对于一线服务人员来说,客户支持作为一种工作过程中的积极体验可以用来构建员工积极心理资源(Zimmermann et al., 2011)。在日常工作中,一线服务员工需要处理各种压力和挑战带来的情绪反应(Gump & Kulik, 1997;Hatfield, Cacioppo, & Rapson, 1993;Tschan, Rochat, & Zapf, 2005),而客户支持能为员工提供需要的资源,增加积极情绪(Zimmermann et al., 2011),减少情绪耗竭(Converso et al., 2015),提高员工的工作满意度(Niklas & Dormann, 2005;Sharma & Levy, 2003)。因此,在客户—员工互动中,客户支持可以作为员工获取的潜在积极资源,对员工个人心理状态带来积极影响。

其次，在客户—员工互动中，根据情绪感染理论（Mood Contagion），客户对员工表达积极情绪，员工也会体验到相应的情绪。例如，Converso 等（2015）的研究发现患者对医生和护士的感恩行为有助于增加医护人员的积极情绪，减少医护人员的工作倦怠。事实上，来自客户的支持行为有助于一线服务员工获得更多的积极情绪、提高员工与客户之间的"情感交叉"、增加员工积极情绪体验（Zimmermann et al., 2011）。

最后，情感事件理论（Affective Events Theory）认为，工作场所中存在的"情感事件"会给员工情绪带来影响，而这些积极或消极的情感事件的累积导致员工处于积极或消极的情感状态中，进而影响员工的态度或行为反应（Weiss & Cropanzano, 1996）。该理论的核心观点是情感事件会通过影响个体的情感状态来影响后续行为或态度。Basch 和 Fisher（2000）通过对酒店员工的访谈构建事件—情绪矩阵，访谈结果发现工作中很多积极事件（例如实现目标、得到上级或同事的认可、参与决策、利他行为等）都能引发员工的积极情绪（例如高兴、快乐和自豪等）；而一些消极事件（例如犯错误、困难的任务、巨大的工作压力等）则会引发员工的消极情绪（例如焦虑、沮丧和尴尬等）。在一线服务员工工作过程中，客户支持不仅是帮助员工服务实现的一部分（Auh, Bell, Mcleod, & Shih, 2007；Bagozzi & Dholakia, 2006；Groth, 2005），也包括对员工工作的支持、能力的认可和服务的感谢，是员工工作过程中的积极事件。前人研究发现员工在工作中体验到积极事件也能引起员工的积极情绪和积极行为反应（翟家保、周庭锐，2010），因此，客户支持作为工作场所的积极事件能对员工态度和行为产生积极影响。以上这些关于客户支持作用效果的研究为我们提供了较好的基础，也启发我们对客户支持对员工主动服务客户行为的影响机制进行更为深入的探索。

此外，客户支持也会给组织带来积极作用。在服务交互过程中，客户支持使客户有更好的体验，客户对服务更加满意，这可能最终促进组织利润的增加（Han, Kwortnik, & Wang, 2008；Susskind,

Kacmar, & Borchgrevink, 2003)。例如, 研究发现在服务交互过程中, 客户支持会使客户被视为共同生产者, 这将会赋予客户权利的感觉, 使他们获得更多的控制权, 对客户—员工的互动过程更满意 (Zimmermann et al., 2011)。

因此, 对于员工、客户和组织来说, 客户支持都会发挥积极的作用。但在关于客户支持的研究中, 存在一个重要的问题是客户支持从何而来? 什么因素影响了客户支持的发生? 在客户—员工互动过程中, 影响客户支持的除了客户个体特征因素以外, 更可能是因为员工提供的良好服务。例如, 员工主动服务客户行为能有效满足客户需求, 提高客户满意度, 这不仅能减少客户消极行为, 也可以促进客户支持等积极行为; 客户支持进一步促进员工积极工作体验 (Converso et al., 2015), 进而促使员工表现出更多主动服务客户行为, 形成客户—员工积极互动螺旋。因此, 未来研究在探讨客户支持作用机制的基础上, 也应该拓展对客户支持前因机制和客户—员工积极互动螺旋效应的探讨。

三 客户—员工互动的螺旋效应

在社会互动理论视角下, 研究者对互动过程中的螺旋效应进行了一系列探讨, 螺旋效应指行为和情绪的反应共同增加或减少的模式 (Lindsley, Brass, & Thomas, 1995)。现有研究已经从社会互动、资源流动和社会交换等视角对领导—员工、员工—同事以及员工行为与工作情境之间的互动螺旋机制进行了探讨 (Kim, Cohen, & Panter, 2016; Lian, Ferris, Morrison, & Brown, 2014; 李超平、毛凯贤, 2018), 却较少考察服务提供者和服务对象之间的互动螺旋效应。

在服务过程中, 越来越多的员工都需要与客户进行沟通交流, 二者在频繁的互动中可能产生双向互动螺旋效应。当前, 服务型企业中客户—员工的人际互动已经受到了心理学、管理学和营销学等不同学科研究者的关注 (Groth & Goodwin, 2011)。一线服务员工和客户之间的互动对于客户的服务体验和员工的工作体验都至关重要。目前研究者分别基于客户和员工的视角探讨了客户行为对员工的影响和员工行为对客户的影响。一方面，心理学与组织行为学研究主要集中在探讨客户欺凌对员工的影响上，将客户欺凌作为员工对客户报复行为、破坏行为的愤怒、压力来源（Dormann & Zapf, 2004; Wang et al., 2011）。另一方面，营销学研究通常侧重于将一线员工的服务交互失败作为研究的起点，探讨员工消极服务对客户的影响，例如，员工消极服务导致客户不满意、失望，甚至客户欺凌（Bitner et al., 1990; Maxham & Netemeyer, 2002）。

尽管目前的理论和实证研究都支持了这两种视角，但它们倾向于从不同的角度看待客户—员工互动过程。而且这两种视角之间的相互联系还需进一步探讨，研究者也呼吁要在客户—员工互动的视角下，探讨客户行为与员工行为之间的互动螺旋效应（Groth & Grandey, 2012）。例如，从客户视角来说，客户感知服务失败将导致客户欺凌行为；客户感知到员工主动服务客户行为将导致客户积极行为。从员工的视角来说，客户欺凌将导致员工消极的服务行为；客户积极行为将导致员工更多的积极服务行为。因此，本书将整合以客户为中心和以员工为中心的研究视角，从社会互动的视角探讨客户—员工互动螺旋效应，帮助我们更好地理解客户行为与员工行为之间的关系与相互影响的过程。

首先，服务交互过程中，客户—员工互动对于一线服务人员来说是每天都在发生的，相比于组织内部成员，他们与组织外部成员（客户）有更多互动（Grandey et al., 2007; Gettman & Gelfand, 2007; Diefendorff, Richard, & Yang, 2008）。目前的研究已经对工作场所中的消极互动螺旋效应进行了探讨，例如，Olson-Buchanan 和 Boswell（2008）提出的员工感知到欺凌与对他人欺凌之间的互动模型，认为员工感知到的欺凌可能会导致个体对他人的欺凌行为，而对他人的欺凌行为也可能会导致员工感受到更多欺凌。类似的，前人研究也探讨了消费者之间不信任的互动螺旋效应（Friend, Costley, &

Brown，2010）、组织中员工间的情绪互动螺旋效应（Hareli & Rafaeli，2008）等。

Groth 和 Grandey（2012）认为客户与员工之间存在消极互动螺旋效应，即对于客户来说，服务失败的感受增加了客户的消极情绪反应，导致客户表现出消极互动行为，例如，客户欺凌；此时，对于员工来说，员工感受到客户欺凌会增加员工的消极反应，导致员工的消极服务行为，这又增加了客户感知到的服务失败。这种客户与员工之间的消极互动过程不论对于客户、员工还是组织发展都是不利的。打破这种恶性循环效应的关键在于提高客户满意度，减少服务失败。而员工主动服务客户行为作为满足客户需求、提高客户满意度的重要因素，在打破客户—员工消极互动螺旋中可能发挥着重要作用。

其次，从社会互动的视角来看，与其他社会交换一样，客户与员工之间的互动也是公平的，二者之间也可能存在积极互动螺旋效应，给双方带来积极的结果（Groth & Grandey，2012）。虽然目前研究还未提出相应的积极互动螺旋模型，但根据互动螺旋的发生过程，我们认为在客户—员工互动中，员工主动服务客户行为与客户积极行为之间可能存在互动螺旋效应。从客户角度来说，员工主动服务客户行为满足了客户需求，让客户在服务过程中体验到积极的情绪状态，促进客户表现出积极行为。从员工的角度来说，客户积极行为能促进员工的积极工作体验（Converso et al.，2015），进而促进员工主动服务客户行为。例如，员工主动服务客户行为能够超预期地满足客户需求，使客户感受到员工的关心和积极付出，对员工的服务更加满意（Raub & Liao，2012），客户可能会对员工有更多的感谢和夸奖，增加客户支持（Zimmermann et al.，2011）。因此，在客户—员工互动中，与客户欺凌和员工服务破坏行为之间的消极互动螺旋效应相反，员工主动服务客户行为与客户支持之间可能存在着积极的互动螺旋效应。

综上可知，虽然在客户、员工行为的研究中，研究者倾向于分别从客户的视角和员工的视角考察员工行为对客户的影响和客户行为对员工的影响，但研究者也呼吁整合客户、员工视角，从客户—员工互动的视角考察客户—员工互动螺旋效应（Groth & Grandey，2012）。尤其是在认识到客户行为的积极作用后，更需要对客户—员工积极互动螺旋效应进行探讨。因此，本书将在积极客户—员工视角下，考察员工主动服务客户行为与客户支持之间的互动螺旋效应。

第三节 本书的理论基础

一 主动动机模型

Parker 等（2010）认为个体主动行为是个体产生目标和实现目标的过程，这个过程需要个体的主动动机状态来维持。基于此，研究者提出了主动动机模型，认为组织内部因素和员工个体因素会通过三条主动动机状态的路径来影响个体主动行为，包括能力动机状态、意愿动机状态和能量动机状态。

（一）能力动机状态

能力动机（"can do" motivation），即个体认为自己有能力完成主动行为的程度，主要包括自我效能感（例如，我能做到吗？），控制评估和归因（例如，它是如何实现的？），行动成本的感知（例如，风险有多大？）。此外，建立主动行为目标可能涉及一个审慎的决策过程，个体还可能会评估其行为的结果（Morrison & Phelps，1999；Parker et al.，2006），因为主动行为需要个体承担一定的潜在心理风险，例如，个体主动去完善工作方法或改变工作情境，这可能会受到别人的抵制和怀疑。同样，积极寻求反馈也可能会对个体自我概念感知产生影响（Ashford，Blatt，& Vande Walle，2003）。因此，当个体具有较高的自我效能感或相信其在某一特定领域内可能成功时，个体更可能表现出主动行为。个体在产生主动目标和行为之前都需要信心，而自我效能感能提高个体坚持并克服障碍的意愿

(Bandura，1977)，对个体主动行为非常重要（Fay & Frese，2001）。因此，在能力路径中我们将重点关注自我效能感和角色宽度自我效能感，下面具体介绍其概念、测量和影响因素。

自我效能感指个体对顺利完成特定领域的目标所需能力的自我信念（Bandura，1977），是社会认知理论的重要内容（Walumbwa，Wang，Wang，Schaubroeck，& Avolio，2010）。自我效能感不仅影响个体的态度和行为，也决定个体为实现目标而付出努力的程度。高自我效能感的个体能够付出更多努力去克服困难，勇于迎接风险和挑战（张鼎昆、方俐洛、凌文辁，1999）。

在此基础上，Parker（1998）提出了角色宽度自我效能感（Role breadth self-efficacy）的概念，指个体对承担工作任务和成功完成工作的能力感知。角色宽度自我效能感在概念上与自我效能感相近，但关注点有所不同。角色宽度自我效能感更聚焦于特定任务或行为，而自我效能感涵盖的内容更广泛。在主动行为的研究中，研究者认为相比于自我效能感，角色宽度自我效能感对员工主动行为有更好的预测作用（Hong et al.，2016；Parker & Collins，2010）。因为角色宽度自我效能感聚焦于一系列能够拓展角色范围的主动性、综合性和互动性任务（Parker，1998）。例如，解决长期问题、设计改进过程以及联系客户和供应商等（Axtell & Parker，2003）。角色宽度自我效能感的测量主要是基于 Parker（1998）开发的 10 条目的角色宽度自我效能感量表。（1）Sonnentag 和 Spychala（2012）选取 Parker（1998）10 条目量表的 9 个条目来测量角色宽度自我效能感。（2）Parker 等（2006）基于 Parker（1998）的 10 条目量表的因子分析结果，选取其中因子载荷最高的 7 个条目测量角色宽度自我效能感。（3）De Dreu、Carsten 和 Nauta（2009）则基于 Parker（1998）的 10 条目量表，选择其中 6 个条目测量员工角色宽度自我效能感。目前，使用较多的是 Parker 等（2006）编制的 7 条目量表，例如，Den Hartog 和 Belschak（2012）、Raub 和 Liao（2012）都在实证研究中采用该量表，信效度良好。

自我效能感的影响因素一直是研究者关注的重点。社会认知理论认为，个体通过各种不同信息源获得关于自身能力的信息来形成自我效能感。Bandura（1986）认为个体自我效能感主要受四个方面因素的影响：个体过去行为的成败经验、替代性经验、言语说服以及情绪与生理状态。

（1）个体过去行为的成败经验，指个体所获得的关于自身能力的直接经验，这是自我效能感的主要来源。个体的成功经验将增强自我效能感，而失败的经验会降低个体自我效能感。

（2）替代性经验，指个体通过观察其他人的行为并与自身进行比较，以获得对自身达成行为目标可能性的认知。当个体看到与自己相似的人成功，则更倾向于认为自己也能成功，提高自我效能感；当个体看到与自己相似的人失败，则更倾向于认为自己也会失败，降低自我效能感。

（3）言语说服，指他人对个体进行鼓励、建议或劝说，使个体认为自己具有完成某项行为的能力，增强对自身能力的积极信念，是个体加强自我效能感的有效手段之一。说服性信息的作用受劝说者地位、威望和劝说内容可信性等因素影响。

（4）情绪和生理状态也会影响个体对自我效能感的判断。当个体积极情绪较高时，个体自我效能感也会增强（Bandura，1986；Wood & Bandura，1989）。

与自我效能感一样，角色宽度自我效能感的产生也受到以上因素的影响。此外，工作相关的因素也会对个体角色宽度自我效能感产生影响，包括工作丰富化（job enrichment）（Axtell & Parker，2003）、工作扩大化（job enlargement）（Parker，1998）、工作自主性和感知的控制感（Bandura，1996）等。

（二）意愿动机状态

尽管能力动机状态很重要，但是个体为什么会选择并坚持实现目标就在于个体的意愿动机状态（"reason to" motivation），即个体愿意改变未来的程度，包括个体意愿或评价，例如目标取向、心流及兴趣等。当个体认为自己有能力去改进工作方法，但是如果个体没有充足的理由去做，个体也可能不会主动去实施该行为。因此，个体主动行为需要与某一目标的价值相关联。

Griffin 等（2007）认为主动行为通常在弱工作情境中更加重要，更需要有强大的内部力量来驱动个体进行主动行为。因为在这样的情境下，个体有很高的方向性，目标没有严格规定，实现这些目标是不确定的，成就与回报也没有明显的联系。此外，解释水平理论认为当目标是长期目标时，未来目标的"可取性"（行动的原因）比"可行性"更重要（Liberman & Trope, 1998）。当员工目标是抽象的、高层次的、与意义相关时，它更可能促进个体坚持。因此，对于长远目标来说，意愿动机状态在主动坚持过程中发挥着重要作用。

具体来说，员工的意愿动机状态可能包括：（1）内部动机：个体认为工作任务有趣，在工作中体验到心流；（2）未来认同动机：包括对未来事业的希望和激情；（3）整合动机：个体认为主动行为的结果对自己和他人都很重要，例如工作意义感。在主动行为发生过程中，虽然以上三种意愿动机都可能发挥作用，但在具体行为中也可能不同。例如，护士对患者的主动服务行为，可能不是因为这一工作很有趣（内部动机），也不一定是因为这是未来事业的基础（未来认同动机），更多可能是因为员工认为这一行为对患者非常重要，具有重要的意义（整合动机）。由于本书关注一线服务人员主动服务客户行为，因此，在意愿动机状态中，本书将重点关注工作意义感。下面具体介绍工作意义感的概念、测量、影响因素和作用效果。

目前，虽然不同研究者都提出了工作意义感的概念，但总体来说，其基本内涵是一致的，指员工对工作重要性、信念、价值感和使命感的认知，是员工对工作价值的一种主观体验（MOW International Research Team, 1987; Steger, Dik, & Duffy, 2012）。目前研究者对工作意义感的测量主要包括：（1）Spreitzer（1995）编制的心理授权量表中工作意义感维度，包含三个条目，采用李克特 5 级计分（1 = 非常不同意，5 = 非常同意），例如，"工作是有意义的"，量表具有良好的信效度。（2）Steger 等（2012）编制的工作意义感量表。该量表共 10 个条目，包括三个维度：积极意义（4 个条目）、工作创造意义（3 个条目）和更良好的动机（3 个条目），采用李克特 5 级计分（1 = 非常不同意，5 = 非常同意），量表具有良好的信效度。

目前，很多研究者都认为人际关系对员工工作意义感有重要影响，主要包括同事关系和领导—员工关系两个部分。首先，从同事关系的角度来看，在工作过程中，员工会通过同事的行为去构建工作意义，即员工会通过注意、识别并判断其他同事传递的有关其工作能力、工作表现等方面的信息，来重构工作本身、工作角色及工作中自我认知的意义（Wrzesniewski, Dutton, & Debebe, 2003）。尤其是在我国，和谐的同事关系也是员工工作意义的一部分（王庆娟、张金成，2012）。其次，从领导—员工关系的角度来看，领导会通过影响员工对工作意义认知的方式来设计组织的使命、目标和地位（Podolny, Khurana, & Hill-Popper, 2004）。例如，变革型领导会通过建构宏大的组织使命，对员工进行愿景激励，并通过德行垂范，使个体超越自身的利益而追求更有意义的目标或价值，从而体验到工作的意义（Rosso, Dekas, & Wrzesniewski, 2010）。此外，研究者还发现社会文化也会对员工的工作意义感产生影响。例如，风笑天（2011）发现不同代际群体对工作意义感有不同的认知，青年一代不仅看重工作所带来的物质利益，而且同样看重工作具有的自我实现的价值。

工作意义感对员工的积极态度和行为有正向促进作用（Duffy & Autin, 2013；Duffy, Bott, Allan, & Torrey, 2012），对员工的一些消极态度和行为具有反向抑制作用（Berg, Grant, & Johnson, 2010）。首先，在工作态度方面，研究者发现工作意义感对员工工作满意感（赵敏、何云霞，2010）、组织认同感（Bunderson & Thompson, 2009）、内部动机（Lips-Wiersma & Wrigh，2012）和工作投入（May, Gilson, & Harter，2011）等方面都有积极作用。此外，研究者还发现工作意义感在相关变量间起调节或中介作用。例如，工作意义感在工作—家庭冲突与工作满意感间起调节作用（陈坚、连榕，2011），在领导者的愿景激励、道德垂范与工作满意感间起完全中介作用（李超平、田宝、时勘，2006），在工作使命感与工作满意感间起部分中介作用（Duffy & Autin，2013）。其次，在员工的工作行为方面，研究者发现工作意义感对员工离职意向（Wrzesniewski et al.，2003）、退缩行为（withdrawal behavior）（张建卫、刘玉新，2011）等消极行为有抑制作用。

（三）能量动机状态

在个体主动动机状态中，除了"冷的"能力路径和意愿路径，"热的"情绪相关的能量动机状态也能促进员工主动行为，因为积极情绪不仅可以促进个体主动目标动机的设定和追求，也可以通过影响个体的能力和意愿动机状态来直接影响主动行为（Parker et al.，2010）。第一，积极情绪可以提高个体设置目标的可能性（Seo, Bartunek, & Barrett，2010）。根据情绪拓展建构理论，在主动目标奋斗过程中，核心积极情绪能拓展个体问题解决的灵活性（Isen，1999）。例如，积极情绪增加了人们追求解决问题的双赢机会，因为他们能更好地看到可能的机会，灵活地权衡，思考其创新性（Carnevale & Isen，1986）。第二，积极情绪能促进个体设定更具有挑战性的目标（Ilies & Judge，2005），帮助个体更多地觉察到未来可能出现的问题（Oettingen, Mayer, Thorpe, Janetzke, & Lorenz，2005）。同时，在目标调节过程中，积极情绪可以通过增加反馈的开放性来影响目标追求（Gervey, Igou, & Trope，2005）。第三，Bindl 和 Parker（2009）发现个体的积极情绪在员工主动目标追求和实现过程中发挥着重要作用，对员工主动行为有积极影响（Ashforth, Sluss, & Saks，2007）。在能量动机状态中，Bindl 和 Parker（2012）认为激活的积极情绪比非激活的积极情绪作用更强，例如感知到激情比感知到满足更能促进员工主动动机状态形成,高度激活情绪通过增加资源体验增加个体的努力程度(Brehm,1999)。因此,影响员工能量动机状态的主要是激活的积极情绪。

主动动机模型从动机的角度阐释了个体主动行为的发生机制,但根据行为发生的过程和特点,以及前人研究对互动过程的探讨,需要以社会互动理论为基础,在客户—员工互动过程中考察员工持续表现出主动服务客户行为的机制。因此,本书将社会互动理论的思想引入主动动机模型,在客户—员工互动视角下,从动态的角度考察员工主动服务客户行为的发生过程,深入探讨客户—员工互动的过程中员工主动服务客户行为与客户支持之间的互动螺旋效应,为解释员工持续表现出主动服务客户行为提供基础。

二 社会互动理论

社会互动理论认为,当相关双方相互采取社会行动时就形成了社会互动(Tedeschi & Felson,1994)。社会互动也称为社会相互作用或社会交往,它是个体对他人采取的社会行动做出反应性社会行动的过程,即我们不断地意识到我们的行动对别人的影响;反过来,别人的期望也影响着我们的大多数行为。它是发生于个体之间、群体之间、个体与群体之间的相互的社会行动的过程。社会互动是个体存在的重要方式,任何个体间的互动都是有意义的。

在社会互动理论视角下,研究者对互动过程中的互动螺旋效应进行了一系列探讨,主要包括以下三个方面的内容:(1)员工与领导之间的互动,例如,Lian等(2014)认为在社会互动理论视角下,领导辱虐管理和员工组织偏差行为之间存在互动螺旋效应,从员工角度来看,领导辱虐管理会促使员工转移对领导的攻击行为,出现组织偏差行为(Mitchell & Ambrose,2007);而从领导的角度来看,员工偏差行为使领导企图通过对员工的惩罚使其减少偏差行为(Milam,Spitzmueller,& Penney,2009)。(2)员工与同事之间的互动,例如,Olson-Buchanan 和 Boswell(2008)提出的员工感知到欺凌和对他人欺凌之间的互动螺旋效应，认为员工感知到的欺凌可能会导致个体对他人的欺凌行为，而对他人的欺凌行为也可能会导致员工感受到更多欺凌。(3) 员工与工作情境之间的互动，例如，Meier 和 Spector (2013) 探讨了工作压力和反生产行为之间的互动螺旋效应，类似的，Kim 等 (2016) 也探讨了员工反生产行为和工作场所无礼行为之间的互动螺旋效应。

目前，虽然很多研究都关注到了互动过程中互动螺旋效应的存在，但是在客户—员工互动过程中，仅有少数研究论述了客户欺凌与员工破坏行为之间的消极互动螺旋效应（Groth & Grandey，2012），对于客户与员工之间可能存在的积极互动螺旋效应还需要进一步探讨。事实上，客户—员工在互动过程中存在"越来越好"的现象。例如，客户感知到员工的良好服务能有效提高客户满意度，促进客户感恩、支持等积极行为的出现；客户积极行为让员工认为客户也可能成为服务交互过程中的合作者，提高员工积极心理状态，促使其提供更好的服务；这又成了客户满意度的来源，促使客户—员工互动出现"越来越好"的积极螺旋效应。这些现象为员工与客户之间互动的双向影响提供了鲜明的事例，员工的行为可以影响客户，客户的行为也可以反过来影响员工。在员工主动服务客户行为与客户支持的研究中，员工主动服务客户行为不仅能打破客户—员工消极互动螺旋，也可能通过影响客户支持来建立客户—员工积极互动螺旋。这种积极互动螺旋效应使得员工与客户在相互影响中将客户—员工关系提高到更高的水平。学者们建议考察这种双向影响的关系时必须把时间引入到研究模型中，近年来关于客户—员工关系的研究也开始强调需要将时间与员工、客户行为联系起来，即从动态的角度检验客户—员工行为发生的变化（Dong et al.，2015；Groth & Grand，2012）。

尽管在现实生活中存在客户—员工双向影响的互动螺旋，但目前仍然缺乏实证研究的检验，而相关研究者也呼吁更多具体实证研究来探讨客户与员工的互动螺旋效应（Groth & Grandey，2012），从而推动客户—员工互动理论的发展。因此，在员工主动服务客户行为的研究中一个重要的方向就是从动态的角度考察员工主动服务客户行为的变化过程，将员工与客户的互动过程引入到研究模型中，检验员工主动服务客户行为如何与客户行为相互影响，产生互动螺旋。

第四节 问题提出及总体研究设计

一 问题提出

通过对前人研究的梳理，我们不难发现，员工主动服务客户行为已经受到越来越多研究者的关注。前人研究围绕员工主动服务客户行为的前因机制从多个视角进行了探讨，为我们全面理解员工主动服务客户行为的发生机制提供了良好的基础。然而纵观以往研究，仍存在一些不足之处，有待进一步研究。

待研究之处1：从客户—员工互动的视角考察员工主动服务客户行为的发生机制。

员工主动服务客户行为作为提高客户满意度的关键，如何促进员工持续地表现主动服务客户行为已经成为研究者和管理实践者关注的重点。目前，研究者基于不同研究视角，对员工主动服务客户的前因机制进行了探讨，主要有以下四种研究取向：第一，从人格特质的视角，认为具备主动性人格的个体对待外部环境表现更积极，更能识别机会和采取主动行为（周眙，2016；Rank et al.，2007）。第二，将员工主动服务客户行为作为一种需要消耗资源的行为，从资源保存理论的视角考察了影响员工资源损耗的因素（Wu et al.，2015；Zhu et al.，2017）。第三，将员工主动服务客户行为看成一种有利于组织发展的行为，从组织认同的视角考察了组织因素的影响（Lyu et al.，2016）。第四，将员工主动服务客户行为看成员工产生目标和努力实现目标的过程，从主动动机模型的视角强调了个体主动动机状态的重要作用（Parker et al., 2010; Raub & Liao, 2012）。现有理论视角为解释员工主动服务客户行为的发生提供了较为丰富的观点，其中前三种视角都是基于行为的结果来看待员工主动服务客户行为，缺乏对行为发生过程的考察。尽管主动动机模型已经开始尝试整合现有研究，从目标动机的视角审视行为发生的过程，然而，对于员工主动服务客户行为发生的动态过程以及员工如何持续地表现出主动服务客户行为这两个问题，目前研究仍然缺乏有效的理论解释，而社会互动理论框架下客户—员工互动的视角恰好可以弥补这方面的不足。

首先，前人研究都是以主动服务客户行为的发起者为核心，将主动服务客户行为视为员工单方面发起的行为，忽略了一线服务人员主动服务客户行为发生过程中与客户频繁互动的特点，主动动机模型中也没有关注到组织外部因素（员工服务对象，即客户）的作用。在服务交互过程中，社会互动理论为从客户—员工互动的视角探讨员工主动服务客户行为提供了理论支撑，体现了员工主动服务客户行为发生过程中人际互动的特点，将员工主动服务客户行为看成是在客户—员工互动过程中员工产生目标和努力实现目标的过程。客户—员工互动的视角不仅有助于从行为发生过程的角度来理解员工主动服务客户行为，而且为探索员工持续表现出主动服务客户行为的机制提供了可能。

其次，根据社会互动理论，在服务交互的双向过程中，客户、员工在频繁互动过程中可能相互影响（Ma & Dubé, 2011）。虽然员工主动服务客户行为需要消耗员工自身资源，但在客户—员工互动过程中，客户支持可能成为员工持续表现出主动服务客户行为的动机状态的来源，促进员工主动服务客户行为的持续发生。但目前还没有研究探讨客户支持是否可以促进员工主动服务客户行为，以及在客户—员工互动过程中，能否最终形成员工主动服务客户行为与客户支持之间的互动螺旋。因此，在客户—员工互动视角下，员工主动服务客户行为不只是简单的资源消耗的过程，也可能是动机资源获得/补充的过程，这一视角有助于我们深入探索员工持续表现出主动服务客户行为的机制，为员工主动服务客户行为的发生过程和机制的研究提供新的视角，解决当前服务型企业面临的关键问题。

待研究之处2：检验员工主动服务客户行为与客户支持的互动螺旋效应。

在服务客户过程中，服务交互是一个双向的过程，服务结果是由员工和客户共同决定的（Ma & Dubé, 2011）。社会互动理论（Tedeschi & Felson, 1994）认为在互动过程中员工行为可能影响客户，客户行为也可能影响员工，在这种互动过程中形成互动螺旋效应。然而，目前研究者更多从员工或客户的视角分别进行研究，很少在社会互动的视角下直接考察客户和员工在互动过程中的相互影响。例如，一方面，研究者关注客户行为对员工情绪和行为的影响（Converso et al., 2015；Zimmermann et al., 2011）。另一方面，研究者则侧重于将员工主动服务客户行为作为服务的起点，探讨员工主动服务客户行为对客户的影响（Raub & Liao, 2012）。尽管理论和实证研究都支持了这两种视角，但员工能否通过主动服务客户行为来提高客户支持水平，进而促进员工主动服务客户行为，客户与员工在互动过程中是否存在积极互动螺旋效应还需要进一步检验。因此，在前人研究基础上，本书引入客户—员工互动的视角对员工主动服务客户行为与客户支持的互动螺旋效应进行探讨。这不仅有助于揭示员工与客户互动的过程，而且可以填补员工如何持续表现出主动服务客户行为的空白，为组织促进员工持续表现出主动服务客户行为提供理论和实践基础。

待研究之处3：深入挖掘客户支持对员工主动服务客户行为的影响机制。

在客户—员工互动视角下，为了解员工主动服务客户行为的发生过程以及员工持续表现出主动服务客户行为的原因，首先需要挖掘客户行为在其中所起的作用。客户在体验服务的过程中拥有更加确切的信息和亲身体验，客户能够通过提供关键反馈信息来帮助员工改善服务过程，(Bogers et al., 2010; Foss et al., 2011; Schneider et al., 2005)。然而目前研究却忽略了这一重要因素，更多地将客户看作员工的对立面，从消极客户—员工关系的角度探讨客户不公平行为、无礼行为、客户欺凌等对员工情绪、健康和行为等方面的消极影响（Wang et al., 2011; Baranik et al., 2017）。近年来研究者也逐渐认识到在服务过程中，客户也可能成为员工服务过程的合作者，从积极客户—员工关系的角度探讨客户行为对员工行为的影响。例如，研究发现客户授权、客户支持、客户感恩等行为对员工情绪、一般服务行为和创新服务行为有积极影响（Dong et al., 2015; Zimmermann et al., 2011; Converso et al., 2015）。由于客户支持在工作场所中广泛存在，本书将在客户—员工互动的视角下挖掘客户支持的作用，揭示客户支持影响员工主动服务客户行为的机制和边界条件。本书以主动动机模型和动机匹配效应为基础，从动机的角度揭示客户支持对员工主动服务客户行为的作用机制，不仅能拓展员工主动服务客户行为的前因机制研究，丰富主动动机模型的理论框架，而且能为在客户—员工互动视角下，员工持续表现出主动服务客户行为的可能性提供依据。

待研究之处4：在目前研究的基础上，开发简洁有效的干预方案。

员工主动服务客户行为作为服务型企业中极其重要的行为表现，研究者呼吁在组织中开发相应的干预方案，促进员工更多表现出主动服务客户行为。尽管目前还未有研究提供有效的干预方案，但前人对员工行为的干预研究为本书提供了两条可借鉴的路径：一是对员工行为进行直接培训。但对员工主动服务客户行为进行直接培训的干预方案需要消耗大量的人力和物力，并且忽略了员工主动服务客户行为的发生过程。二是从行为发生前因机制的角度进行干预，即从客户支持方面进行干预，从行为发生的过程开展干预，因为在员工持续表现出主动服务客户行为的过程中，客户支持发挥着重要的作用。虽然在实践当中，很难直接针对客户进行干预，但管理者可以根据这一行为发生过程中员工对客户支持社会分享的作用，开发干预方案。因此，本书将从客户—员工互动的视角，开发"每日分享"的干预方案并进一步检验干预方案的效果，以期为管理实践提供有效的对策和建议。

基于上述分析，本书将社会互动理论的思想引入主动动机模型，从客户—员工互动的视角深入分析员工持续表现出主动服务客户行为的机制，并在此基础上开发相应的干预方案。

二 研究样本——以护理人员为例

当前医疗行业作为最重要的服务行业之一，已经受到了国家和大众的广泛关注。随着人口老龄化和人均收入水平的提高，医疗行业得到了快速的发展，全球医疗支持总额占 GDP 比例已经超过了10%。当前，我国医疗卫生与计划生育支出 2018 年预算数为 209.05亿元，较 2017 年执行数 134.47 亿元增长 55.5%。财政预算的加持让医疗行业再一次成为大众关注的焦点。同时，随着健康中国化进程和医疗改革的深入推进，人们对健康的投入越来越大，医疗服务的需求也随之增加，2017 年我国医疗卫生机构的总数达 986649个，这些都为我国医疗行业提供了良好的发展空间[①]。

然而，医疗行业在快速发展中也面临一些挑战。首先，医疗行业在发展中面临着激烈的竞争。当下，医疗机构想要保持竞争力，除了精湛的医疗技术和良好的硬件设施之外，超前的服务理念和服务质量也发挥着越来越重要的作用。因此，越来越多医疗机构都开始关注如何改善医院综合服务质量，持续提高医院的服务效益和社会声誉（陈银娟，2013）。与传统行业一样，医疗行业也很重视满足客户（患者）需求、与同事合作服务客户（患者）等，尤其是在当

[①] 《2018 年中国医疗卫生行业分析报告——市场运营态势与投资前景研究》，http://baogao.chinabaogao.com/zhongxiyao/325676325676.html.

前的医疗环境中，更需要护理人员表现出主动服务客户（患者①）行为。因为比起一般服务行业，护理人员主动服务客户行为可能具有更加广泛的意义和价值。如果护理人员能主动观察患者的需求，积极关注患者病情变化，可能会对挽救患者的生命产生积极影响。同时，护理人员主动服务客户行为能有效提高患者满意度，进而减少来自患者的无礼对待，改善护理人员与患者的关系（Bedi & Schat，2007；Zhan，Wang，& Shi，2014；Koopmann et al.，2015），在缓解护患/医患关系、减少护患冲突和纠纷方面都可以发挥独特的作用（陈银娟，2013）。

其次，患者也对医疗行业提出了新的要求，他们不仅仅关注治疗效果，也期待医疗从业者，尤其是医护人员能主动关心患者，解决患者问题，为患者提供良好的服务（Koopmann et al.，2015；陈银娟，2013），表现出主动服务客户行为。事实上，在目前的医疗服务实践中，护理人员在日常工作中也会表现出主动服务客户行为。例如，在患者住院后，护理人员会主动告诉患者食堂的位置、如何订餐，主动关心患者的情绪，与同事合作一起解决患者的问题等。

最后，医疗行业在快速发展过程中也在发生巨大的变化。世界卫生组织（2016）提出医疗服务要以人为中心，患者已经成为医疗系统中重要的受益人和参与者。医疗行业中的客户（患者）不再是被动的服务接受者，而是积极的服务互动参与者（McColl-Kennedy et al. 2012；Ostrom et al.，2015）。事实上，护理人员每天的工作都发生在与患者多轮次的频繁互动过程中（Bridges et al.，2013；陈越、颜巧元，2013）。护患互动是护理人员与患者通过相互影响来实现目标的过程（King，2007）。护患互动作为护患关系形成的关键过程已经受到了广泛的关注（陈越、颜巧元，2013），因为护患关系不仅关

---

① 在医疗行业中，对于护理人员来说，患者即为其服务对象和客户，为了统一表达，后文中都统一为"员工主动服务客户行为"。

系着患者的生命和健康（Zolnierek & Dimatteo，2009），也影响着护理人员的工作满意度和离职倾向（Halldorsdottir，2008；肖鸿敏、孙志燕、向诗琪，2018）。

因此，不论是考虑护理人员主动服务客户行为的价值，还是考虑患者和医疗行业的需求，研究者都需要对医疗行业中护理人员主动服务客户行为进行探讨。尤其是在医疗行业中，护理人员与患者之间的互动更加频繁，持续时间更长，因此，以护理人员为研究对象，探讨客户—员工互动螺旋具有其适用性和重要的意义。

事实上，护理人员与患者在互动过程中可能存在相互影响的螺旋效应（Groth & Grandey，2012），即行为和情绪反应的共同增加或减少的模式（Lindsley et al.，1995），导致护患关系"越来越差"和"越来越好"。例如，当患者认为护理人员服务不积极，不能满足其需求时，患者不满意会导致出现抱怨、辱骂等消极行为；而这些行为使护理人员认为遭受到患者欺凌，引发其消极情绪或资源耗竭等消极反应，导致其出现破坏行为等消极服务行为；而这些行为又成为患者不满意的来源，使护患关系出现"越来越差"的消极螺旋效应。相反，患者感知到护理人员主动服务能有效提高其满意度，促进感恩、支持等积极行为的出现；患者的积极行为让护理人员认为患者也可能成为服务交互过程中的合作者，提高护理人员积极心理状态，促进其更主动地提供更好的服务；这又成为患者满意度的来源，促使护患关系出现"越来越好"的积极螺旋效应。尽管目前研究还未对这一现象进行检验，但在护患互动过程中，如何借鉴服务行业中的研究结果，在医疗行业的护患互动过程中将"越来越差"转变为"越来越好"，实现从消极互动到积极互动的转化，这是当前社会亟待解决的问题，也是实现"构建和谐护患关系"的目标的关键。

因此，鉴于在服务行业框架下探讨护理人员主动服务客户（患者）行为的适用性和价值，本书将以医疗行业中护理人员为研究对象开展具体研究，探索员工主动服务客户行为与客户支持的积极互动螺旋效应并开展干预研究，为员工持续表现出主动服务客户行为提供解释，这不仅能帮助我们更加全面地理解客户—员工互动的动态过程，也有利于在医院管理中实现组织、患者和护理人员的共赢，构建护患之间健康、积极的新型互动关系，进而为医疗行业发展和社会稳定奠定基础。

三 研究设计

本书的总体研究目标：将社会互动理论引入到主动动机模型中，从客户—员工互动的视角出发，以护理人员为研究对象，对客户—员工互动过程中员工持续表现出主动服务客户行为的发生机制进行全面、深入研究，并在此基础上开展干预研究，以期为我国服务行业中员工主动服务客户行为的科学管理提供理论依据和实践指导。

具体研究目标：

(1) 全面考察我国护理人员主动服务客户行为的内涵、影响因素和作用效果；

(2) 初步探索我国员工主动服务客户行为的现状；

(3) 深入挖掘客户支持对员工主动服务客户行为的影响机制及其边界条件；

(4) 考察员工主动服务客户行为与客户支持之间的互动螺旋效应；

(5) 开发简洁有效的干预方案来促进员工主动服务客户行为。

本书通过七章内容来解决本书提出的问题和研究目标。第一章主要对前人研究进行梳理，提出研究问题；第二章和第三章旨在解决"是什么"的问题，全面了解员工主动服务客户行为的现状；第四章和第五章旨在解决"为什么"的问题，探讨员工主动服务客户行为与客户支持的互动螺旋效应及其作用机制；第六章旨在解决"怎么做"的问题，开发并检验提升员工主动服务客户行为的干预方案的有效性；第七章旨在对以上研究的结果进行讨论，并提出未来研究的方向。

在第二章到第六章中,采用访谈法、日志法、横断研究、跨层研究和纵向研究等多种方法开展九个研究。第二章旨在对我国护理人员主动服务客户(患者)行为进行初步探索:研究一运用访谈法和横断调查探讨护理人员主动服务客户行为的内涵,并编制护理人员主动服务客户行为量表;研究二以T医院为个案研究对象,通过访谈法全面了解影响护理人员主动服务客户行为的影响因素及作用效果,为后续研究奠定基础。第三章旨在了解我国员工主动服务客户行为的现状:研究三采用横断面数据探讨员工主动服务客户行为对客户行为(客户支持和客户欺凌)的影响;研究四采用领导—成员配对的两时点数据从团队层面、个体层面和客户层面探讨影响员工主动服务客户行为的因素。第四章旨在探讨客户支持对员工主动服务客户行为的作用机制:研究五和研究六分别采用日志法和跨层研究的方法,考察客户支持对员工主动服务客户行为的短期和长期效应及其影响机制。第五章旨在探讨员工主动服务客户行为与客户支持之间的互动螺旋效应:研究七和研究八分别通过间隔三个月和间隔一周的纵向数据,检验员工主动服务客户行为与客户支持的互动螺旋效应。第六章旨在开展促进员工主动服务客户行为的干预研究:研究九开发"每日分享"的干预方案,并采用准实验设计的方法检验干预方案的有效性。

第二章 我国护理人员主动服务客户行为初探

研究一:护理人员主动服务客户行为的内涵和测量

考虑到行为的情境依赖性,研究一旨在了解医疗行业中护理人员主动服务客户行为的表现形式,并开发相应的测量工具。本研究将通过深度访谈,采用扎根理论的质性研究方法,对护理人员主动服务客户行为这一概念进行系统梳理和逻辑归纳,通过深度访谈识别出我国护理人员主动服务客户行为的具体内容以揭示其内在要素,编制护理人员主动服务客户(患者)行为量表,并采用量化实证方法对该量表进行验证，旨在保证研究结论的科学性与有效性，为后续研究测量奠定基础。

研究二：护理人员主动服务客户行为的作用效果和影响因素——基于 T 医院的案例研究

为了在较大程度上解释护理人员主动服务客户行为出现的环境和条件，加深对行为产生的理解，在明晰了护理人员主动服务客户行为的内涵和表现后，本研究将重点围绕我国护理人员主动服务客户行为的作用效果和影响因素展开质性研究。本研究通过深度访谈，采用扎根理论研究方法，对护理人员主动服务客户行为的作用效果和影响因素进行系统梳理和归纳。在特定行业中全面了解员工主动服务客户行为的发生过程，回应在医疗行业中，关注护理人员主动服务客户行为的价值，并为客户—员工互动视角的转变奠定基础。

第三章 我国员工主动服务客户行为现状

研究三：员工主动服务客户行为对客户行为的影响

第二章通过访谈法和案例研究，对我国护理人员主动服务客户（患者）行为进行了初步探索，不仅明晰了我国护理人员主动服务客户行为的内涵、测量方式，也对我国护理人员主动服务客户行为的作用效果和不同层面的影响因素进行了探索和归纳，为后续研究奠定了良好的基础。为了进一步探索我国员工主动服务客户行为的现状，本研究将以护理人员为研究对象，通过大样本问卷调查初步分析员工主动服务客户行为对客户行为的影响，不仅有助于拓展关于员工主动服务客户行为作用效果的研究，也回答了客户支持等积极客户行为的来源。

研究四：员工主动服务客户行为的影响因素研究

为了更加全面地了解员工主动服务客户行为，研究四将从不同层面探讨影响员工主动服务客户的因素。通过对前人研究的梳理发现影响员工主动服务客户行为的因素主要包括个体、团队和组织三个层面，研究二中发现除了以上三个层面的因素外，组织外部因素，即客户在影响员工主动服务客户行为中也发挥着重要作用。因此，本研究以护理人员为例，主要探讨个体层面因素（例如，主动性人格和客户取向观点采择能力）、团队层面的因素（例如，公仆型领导和家庭支持型主管行为）和客户因素（例如，客户支持和客户感恩）对员工主动服务客户行为的影响，从而更加全面地了解我国员工主动服务客户行为的影响因素。

第四章　客户支持对员工主动服务客户行为的影响机制

研究五：基于个体内水平的分析：一项日志法研究

在全面了解员工主动服务客户行为的影响因素后，本研究将进一步在积极客户—员工互动过程中，从目标动机的角度挖掘客户支持对员工主动服务客户行为的影响机制。本研究采用日志研究的方法，从个体内（日常）水平考察客户支持对员工主动服务客户行为影响的短期效应，考察社会分享和员工主动动机状态（自我效能感、工作意义感和积极情绪）的序列中介作用。考察客户支持如何促进员工主动服务客户行为的发生，有助于我们回答客户—员工互动过程中，客户支持对员工主动服务客户行为有怎样的"日常影响"以及产生影响的机制，为后续干预研究奠定基础。

研究六：基于个体间水平的分析：一项跨层研究

研究五考察了客户支持对员工主动服务客户行为的中介机制，研究六进一步采用跨层数据考察客户支持对员工主动服务客户行为影响的累积效应，并从动机刺激匹配的角度，考察公仆氛围的跨层调节作用。本研究的实施有助于我们进一步回答客户—员工互动过程中，客户支持对员工主动服务客户行为的"累积影响"及边界条件，让我们更好地了解客户—员工互动过程中员工主动服务客户行为的发生过程。

第五章　员工主动服务客户行为与客户支持的互动螺旋研究

研究七：长期互动螺旋研究

虽然以上研究已经通过质性研究和问卷调查的方法初步探讨了员工主动服务客户行为对客户支持的影响，以及客户支持对员工主动服务客户行为的影响，但员工主动服务客户行为与客户支持之间是否存在积极互动螺旋效应，仍需进一步通过实证研究进行检验。因此，本研究将通过间隔3个月的纵向数据探索客户—员工互动的动态变化过程，考察员工主动服务客户行为与客户支持的长期互动螺旋效应。

研究八：短期互动螺旋研究

尽管研究七已经在间隔较长的时间内探讨了员工主动服务客户行为和客户支持的互动螺旋效应，但由于客户的流动性，在间隔较短时间内是否存在这一互动螺旋效应还需要进一步检验。因此，研究八将采用间隔1周的纵向数据，考察员工主动服务客户行为与客户支持之间的短期互动螺旋效应，为客户—员工互动过程中员工为何会持续表现出主动服务客户行为提供解释。

第六章 员工主动服务客户行为的干预研究

研究九：基于"每日分享"的干预研究

上述研究在客户—员工互动视角下，对员工主动服务客户行为发生机制进行了探讨，但对于如何通过相应的干预方案来促进员工主动服务客户行为，目前研究还没有答案。因此，研究九将解决"如何"做的问题，即如何利用员工与客户的互动螺旋找到干预的关键过程，促进客户—员工积极互动螺旋的发生。在管理实践中，我们很难对客户行为进行干预，但根据拟建立的客户—员工互动螺旋模型，可以从加强员工对客户支持体验的角度予以考虑。因此，在以上研究的基础上，本研究将开发设计并实施客户支持"每日分享"的干预方案，并检验其对提高员工主动服务客户行为的效果。本研究能帮助我们将研究结果与实践相结合，为组织促进员工主动服务客户行为提供实践基础。

本书研究思路和技术路线见图1-2所示。

第二章 我国护理人员主动服务客户行为初探 45

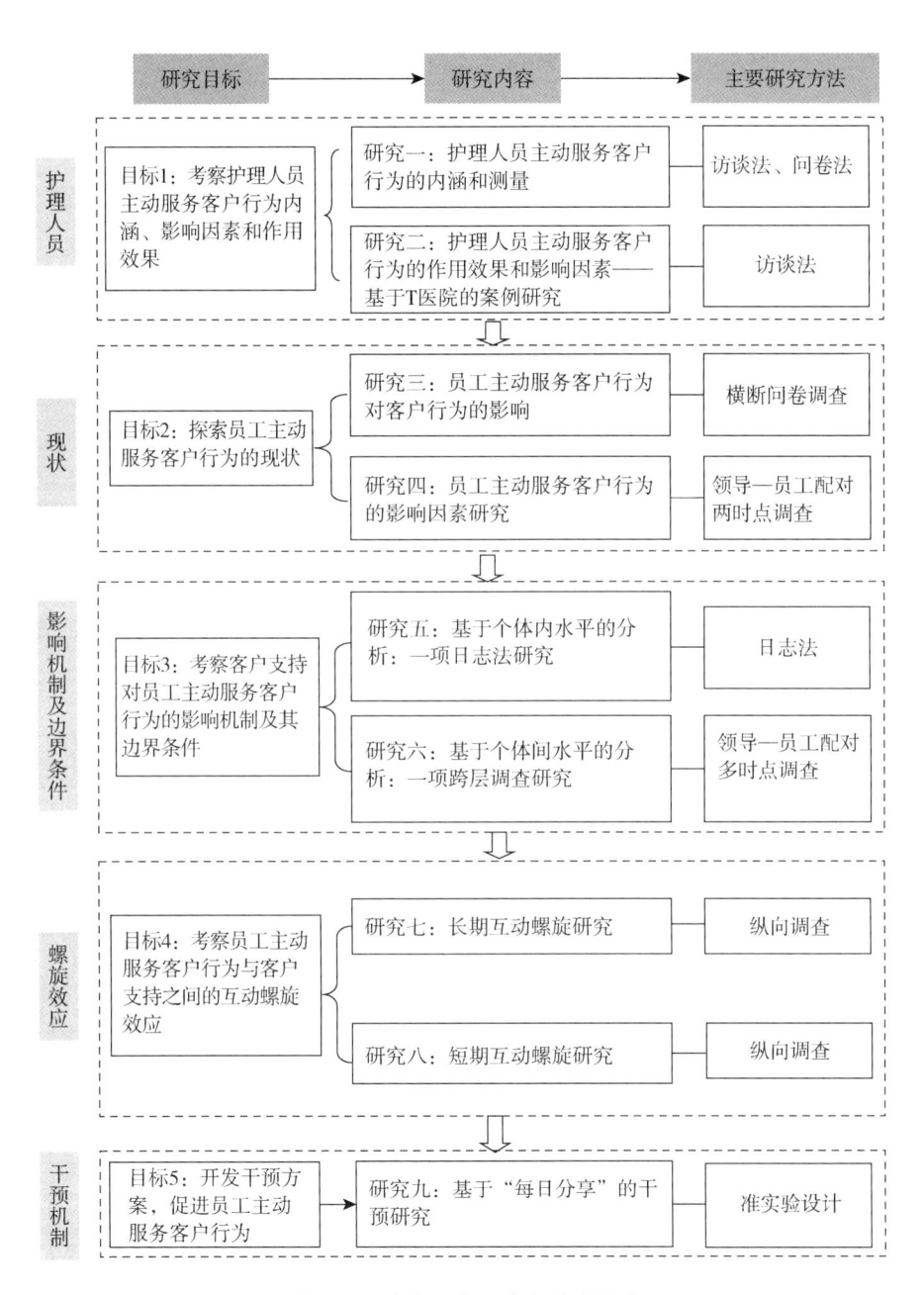

```
                    研究目标 → 研究内容 → 主要研究方法
```

类别	研究目标	研究内容	主要研究方法
护理人员	目标1：考察护理人员主动服务客户行为内涵、影响因素和作用效果	研究一：护理人员主动服务客户行为的内涵和测量	访谈法、问卷法
		研究二：护理人员主动服务客户行为的作用效果和影响因素——基于T医院的案例研究	访谈法
现状	目标2：探索员工主动服务客户行为的现状	研究三：员工主动服务客户行为对客户行为的影响	横断问卷调查
		研究四：员工主动服务客户行为的影响因素研究	领导—员工配对两时点调查
影响机制及边界条件	目标3：考察客户支持对员工主动服务客户行为的影响机制及其边界条件	研究五：基于个体内水平的分析：一项日志法研究	日志法
		研究六：基于个体间水平的分析：一项跨层调查研究	领导—员工配对多时点调查
螺旋效应	目标4：考察员工主动服务客户行为与客户支持之间的互动螺旋效应	研究七：长期互动螺旋研究	纵向调查
		研究八：短期互动螺旋研究	纵向调查
干预机制	目标5：开发干预方案，促进员工主动服务客户行为	研究九：基于"每日分享"的干预研究	准实验设计

图1-2 本书研究思路和技术线路

第 二 章

我国护理人员主动服务客户行为初探

目前,从医疗行业的发展需求和护理人员主动服务客户行为的价值来看,考察护理人员主动服务客户行为是一个重要的议题。在当前的医疗服务中,我们可以看到部分护理人员已经开始表现出主动服务客户(患者)行为,然而目前研究却缺乏对护理人员主动服务客户行为的探讨。因此,本章中笔者将通过两个研究对我国护理人员主动服务客户行为进行初步探讨。具体来说,(1)考虑到行为的情境依赖性,研究一旨在了解医疗行业中护理人员主动服务客户行为的内涵和表现形式,并开发相应的测量工具。(2)为了在较大程度上解释护理人员主动服务客户行为出现的环境和条件,加深对行为产生的理解,研究二以T医院为典型案例,通过对护理人员的深度访谈,初步探讨护理人员主动服务客户行为的作用效果和影响因素。

第一节 研究一:护理人员主动服务客户行为的内涵和测量

目前研究已经发现员工主动服务客户行为在满足客户需求、提升客户满意度方面发挥着重要作用(Raub & Liao, 2012),而促进员工主动服务客户行为的前提之一就是要通过科学研究方法对其具体内涵和表现进行有效识别。虽然国内外学者对一般服务行业中员工主动服务客户行为的内涵进行了一些探讨,但缺乏在中国情境下对特定行业中员工主动服务客户行为具体内涵和表现的归纳。由于员工主动服务客户行为具有情境依赖性,其具体内涵和表现可能会随着具体服务行业类型、文化特征等情境因素的变化而改变(苏磊,2015)。因此,护理人员主动服务客户行为的表现形式可能会与一般服务行业中员工主动服务客户行为存在差异,其内涵和测量方式还需要我们进一步探讨。

目前学者主要关注的是酒店、餐饮、银行等一般服务行业,但随着医疗改革进程的推进,医疗行业不再只是关心患者病情,也为患者提供服务,医疗行业作为新兴服务行业逐渐受到了人们的关注。护理行业与传统服务行业一样,都具有服务行业的一般特点,在与客户(患者)互动的过程中为客户提供服务,满足客户需求。因此,在服务行业框架下探讨护理人员主动服务客户行为具有一定的适用性。此外,在医疗行业中探讨护理人员主动服务客户行为具有更加重要和独特的作用。首先,虽然国内外研究者已经认识到员工主动服务客户行为对组织所创造的价值,但在实践中仍然缺乏充分的挖掘。在医疗行业中,护理人员主动服务客户行为可能对组织、客户(患者)和员工自身都有着重要的作用。尤其在当下的医疗环境中,医疗纠纷和护患冲突经常发生,医患/护患关系表现出持续恶化的现象(张黎夫,2015),不仅严重伤害了医护人员,也对社会造成了不良影响。而护理人员主动服务客户行为在缓解医患紧张关系、减少护患冲突和纠纷方面可能起到独特的作用(陈银娟,2013)。因为护理人员主动服务客户行为能有效提高患者满意度,进而减少来自患者的无礼对待,改善护理人员与患者的关系(Bedi & Schat, 2007; Zhan et al., 2014; Koopmann et al, 2015)。其次,在医疗环境中,如果护理人员能主动地观察患者的需求,积极关注患者病情变化,可能会对挽救患者的生命产生积极影响。

因此,医疗行业作为新兴服务业,护理人员主动服务客户行为的表现可能与一般服务行业有所差异,但在医疗行业中考察员工主动服务客户行为具有重要的实践意义。当前，如何促进护理人员主动服务客户行为已经成为医疗行业面临的难题。对于医疗行业管理者而言，只有明确护理人员主动服务客户行为的具体内涵和表现，才能更有效地制定相关实践政策来激发此类行为，促进个体与组织在发展过程中的共同成长。鉴于此，本研究综合采用扎根理论的质性研究方法，厘清医疗行业中护理人员主动服务客户行为的具体内涵和表现，并通过量化的方法加以验证。

一 研究回顾与概念界定

目前，研究者主要从行为过程的视角对员工主动服务客户行为进行了定义，即员工表现出的一种自发的、长远取向的、持久性的服务行为（Rank et al., 2007），这是学术界普遍认同的员工主动服务客户行为所具有的三个特点，也是现阶段对员工主动服务客户行为内涵判断的标准。Rank 等（2007）编制的员工主动服务客户行为量表主要以主动服务客户行为的定义和特点为基础，从对主管的访谈中提取关键行为形成量表，针对服务型企业中的员工和主管进行测量。

由于医疗行业和客户（患者）的特殊性，护理人员主动服务客户行为的内涵和表现，可能与一般服务行业中员工主动服务客户行为有相同点也有区别。首先，具体内容上更加多元化。虽然护理人员与一般服务行业中员工主动服务客户行为一样，都非常重视满足客户需求、与同事合作服务客户等，例如，在患者住院后，护士会主动告诉患者食堂的位置，如何订餐，与同事合作一起解决患者的问题等。但与传统服务行业相比，护理人员主动服务客户行为更加多元化，例如，患者在住院期间经常会体验到负性情绪，如焦虑、害怕等，护理人员在工作中可能会感知到患者的情绪状态并积极主动地提供情感关怀，安抚患者的不良情绪。其次，服务交互频率更高。相比于一般的酒店或餐饮等传统服务行业的一线服务员工，护理人员与患者的服务交互次数更多，时间更久。最后，效果更广泛。

比起一般服务行业，在患者住院期间，护理人员在与患者的频繁互动中，不仅能帮助患者缓解消极情绪，也能促使护理人员与患者之间建立良好的交换关系，促进患者与护理人员的积极互动，减少患者对护理人员的消极行为。

归纳已有研究可以发现：第一，护理人员主动服务客户行为与一般服务行业员工主动服务客户行为的内容有一定的联系和区别，需要在中国情境下对护理人员主动服务客户行为的内容和表现进行有效识别。第二，现有员工主动服务客户行为的定义中，只关注了员工主动服务客户行为的表现，忽略了在不同服务行业中，员工主动服务客户行为对员工和组织的影响。因此，本研究基于中国情境对医疗行业中护理人员主动服务客户行为的内涵与表现的探讨具有一定的理论价值与现实意义。

基于上述文献回顾，本研究从组织管理视角将护理人员主动服务客户行为定义为：在工作过程中，护理人员自发的、长远取向的、持久性的服务行为，以提高患者满意度并改变患者态度，为组织和个人带来有益影响，实现个体与组织双赢的行为集合。此概念内涵强调了界定护理人员主动服务客户行为外延的双重条件，其一是先前研究提出的三项特征——自发的、长远取向与持久性，其二是个体与组织双赢的行为结果。以此为基础，本研究首先通过深度访谈，采用扎根理论的质性研究方法，对护理人员主动服务客户行为的表现进行归纳，识别出我国护理人员主动服务客户行为的表现以揭示其内在要素及特征。其次，编制护理人员主动服务客户行为的测量量表，采用量化的方法对该量表的信效度予以验证，保证研究结论的科学性与有效性。

二　量表编制过程

根据访谈的内容，编制护理人员主动服务客户行为量表并检验其信效度，为后续护理人员主动服务客户行为的研究提供有效的测量工具。为保证研究结果的客观性与准确性，本研究将护理人员主动服务客户行为的内容识别与验证分为三个阶段进行，详细研究程序如图 2-1 所示。具体为：第一阶段主要基于文献回顾，通过访谈法搜集并整理原始资料，并采用扎根理论对访谈资料进行三级编码，归纳护理人员主动服务客户行为的具体内容，当归纳结果达到理论饱和之后进入第二阶段；第二阶段主要以第一阶段的研究结果为基础，使用传统德尔菲法（Conventional Delphi），即透过"纸—笔"方式，向专家小组成员发放调查问卷，根据本研究中强调的护理情境，从管理者视角对护理人员主动服务客户行为中包含的具体行为进行筛选，完成对护理人员主动服务客户行为的有效识别；第三阶段是基于第二阶段识别出的具体行为，编制护理人员主动服务客户行为量表，采用探索性因素分析和验证性因子分析对其类型构成进行验证，并分析问卷内部一致性。

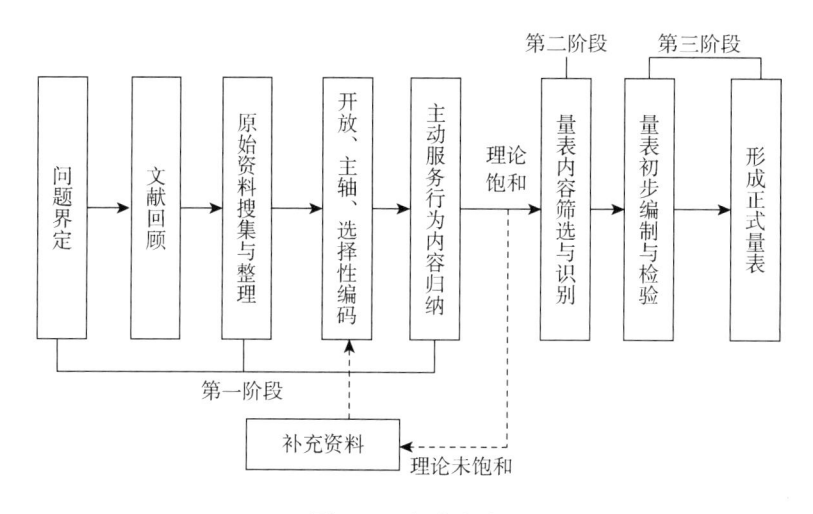

图 2-1 研究程序

三 量表编制

（一）样本选择与资料收集

选取湖北省某医院 27 名护理人员作为访谈对象，进行半结构化访谈。其中，护士长 5 人，护士 22 人。随后，将形成的原始访谈资料全部转录成文字稿后分为两部分使用：第一部分资料由 20 份访谈记录构成，用于对护理人员主动服务客户行为的具体表现进行归纳；第二部分资料由 7 份访谈记录组成，用于理论饱和度检验。

（二）护理人员主动服务客户行为表现的扎根研究

访谈提纲的制定参考 Rank 等（2007）在编制员工主动服务客户行为量表时所制定的访谈提纲，主要由开放式的问题组成。根据员工主动服务客户行为的定义，员工主动服务客户行为能超预期地满足客户需求，最直接的结果是提高客户满意度。而影响客户满意度的员工服务行为主要包括两个方面：一般服务绩效，即员工履行工作职责的服务行为，例如护士对患者的护理；主动服务客户行为，即超出患者预期的服务行为。因此，半结构化访谈提纲的具体内容包括：您所在科室的护理人员的哪些服务行为能提高患者满意度或者会得到患者的感谢和赞赏？其中哪些是超出其工作职责或者科室要求的？不用说出真实姓名，请您列举一些您自己经历的或者您看到或听到的例子。

整个访谈以半结构化的方式进行，采用的是一对一面对面的形式。首先请每位访谈对象依次回答访谈提纲中的问题，研究者在其回答问题过程中根据出现的一些要点进行追加提问。在征得访谈对象的同意后，对访谈全程进行录音，并在访谈结束后对录音资料进行整理。平均访谈时间约 15 分钟。访谈录音首先由 5 位组员转录为逐字稿，后期访谈者对照访谈录音将逐字稿进行相应的核对，最终形成约 13 万字的逐字稿。由一名管理心理学博士和两名硕士共同对访谈逐字稿进行整理分析。

（三）编码过程

将访谈逐字稿的内容按照 Strauss 和 Corbin（1990）提出的资料编码程序进行编码分析，依次进行开放式编码、主轴编码和选择性编码，从员工视角归纳护理人员主动服务客户行为的具体表现。

1. 开放式编码

开放式编码是对资料进行分析式分解的解释过程，要求研究者在编码前以客观的心态,将收集的资料打散,并逐步进行概念化与范畴化(陈向明,2000)。具体操作方法为:对原始访谈资料进行逐句分析,结合相关文献持续对比从资料中提取出的概念与范畴。通过"数据收集—编码—分析—继续数据收集"的多次循环,最终从原始资料中提取出护理人员主动服务客户行为 27 个关键行为表现,编码示例见表 2-1。

表 2-1　　　　　　　　　　　编码示例

原始访谈资料	开放式编码	主轴编码	选择性编码
在特定的环境中,你做了某一件事正好就打动了患者,或者说他当时正好就缺那个东西,或者说他在日常生活中对那个东西比较在意,然后你正好做到了	满足客户在意的需求	关注患者需求,主动满足患者需求	主动服务客户(患者)行为
在他还没有跟你说之前你能去察觉,你能提前去帮助他	觉察客户需求,并提前满足		
抓住他特别关注的问题、目前迫切需要解决的问题	觉察客户关注的问题,并解决问题		
生活上的小事情,你帮他及时地解决了	及时解决患者问题		
技术方面,特别是打针比较好的话,病人还是比较赞赏、赞许的	穿刺技术	工作能力	一般服务行为
感受到你专业的严谨,然后你就很好	专业能力		
提高自身的专业知识,跟患者各方面都解释得很清楚	相关知识		

护理人员主动服务客户行为表现的访谈示例如下:

在工作中好多病人,在生活中遇到困难的时候,不愿意和你说,你发现了,有时候很小的事,比如说他到吃饭的时候了,你发现他没有订饭,这是很小的事,你就问他你饭吃了吗?你有订饭吗?很小的事,但他不愿意和你说,你发现了,哪怕是打电话订份饭啊,这些病人都还是很感激的。有的时候病人不方便,但有的病人又不好意思说,他衣服湿了啊,他想喝点水啊，有时候有关节疼痛的呀，他不愿意下床啊，有糖尿病的病人，他口干，喝的比别人多一些，有时候晚上不愿意起来倒水，杯子里没水给他杯子里倒杯水。虽然都是小事，但病人都会记在心里，对我们的护理服务感到特别满意。

我觉得以我个人的经验，平时在工作中，就是面对这些患者一些问题，在他还没有跟你说之前你能去察觉，你能提前去帮助他，提前为他解决问题。还没等到他开口你就已经能想到他的问题，他会觉得你是站在他的角度来想问题。这样的话你去做一些事情的话，他就会觉得，你的服务，就是主动服务意识很强，这样患者就会比较满意。

还有有一些病人经常会情绪很低落，就是心理方面要多跟他们沟通。特别是心理的，比如说病人，要多鼓励他一些，多跟他做一些心理护理。还有就是讲一些好的案例给他，给他一些心理的支持，这样能让他坚持治疗。

2. 主轴编码

主轴编码目的在于发现和建立范畴之间的关联，用来表明资料中各部分之间存在的逻辑关系，并进一步将现有范畴区分为主要范畴与次要范畴（Strauss & Corbin, 1990）。将开放式编码得出的关键行为进行主轴编码，形成13个轴向编码。

3. 选择性编码

选择性编码需要建立在主轴编码的基础上，进一步发展出一个核心范畴，并将其系统地与其他范畴相比较，验证彼此之间的关系。本研究经过开放式编码与主轴编码，结合相关文献分析，使得整体访谈资料中所蕴含的故事线得到自然呈现，并将主轴编码提取的13个主要范畴提炼为护理人员主动服务客户行为和护理人员一般服务行为，作为扎根理论研究的核心范畴，实现了对概念范畴更高层次的抽象，同时形成护理人员提高患者满意度行为的集合，便于管理者在第二阶段对其进行筛选。将护理人员提高患者满意度的行为确定为一般服务行为和主动服务客户行为两个核心范畴的主要依据有：①一般服务行为和主动服务客户行为在一定程度上能够概括主轴编码得出的主范畴和次范畴，并在所有范畴中处于核心位置；②一般服务行为和主动服务客户行为这两个核心范畴能够与其他范畴建立关联，即它可以被主范畴与次范畴所解释；③将一般服务行为和主动服务客户行为确定为核心范畴也是在参考相关学术文献的基础上，将模型中的各种关系与学术文献已经被验证的理论进行反复对比，一方面，员工主动服务客户行为的三项特征在资料中自然浮现；另一方面，通过文献梳理，发现主轴编码得出的主范畴均属于已有研究中员工服务客户行为的范畴，因此，更加充分证明将一般服务行为和主动服务客户行为作为核心范畴的合理性。

4. 理论饱和度检验

理论饱和度检验是指不可获取额外数据以使分析者进一步发展某一个范畴之特征的时刻（Glaser & Strauss，1967）。为了检验理论饱和度，本研究将第二部分访谈资料（包含 7 份访谈记录）进行编码分析。在编码过程中，未能发现新的范畴与关系，表明支撑现有类别构成中的范畴已经足够充分，因此，本研究通过扎根理论归纳出护理人员主动服务客户行为的内涵与表现。

（四）基于德尔菲法的员工主动服务客户行为表现筛选

本研究使用德尔菲法对第一阶段得出的两种服务行为进行筛选，并根据筛选结果对第一阶段的归纳结果进行调整与修正，努力确保研究结论的有效性与真实性。本研究由 20 名专家组成德尔菲小组，全部来自被访者科室的护士长。德尔菲法研究过程一般进行三轮就可以明确专家意见的集中点和差异点（Dietz，1987）。本研究只通过两轮问卷调查，就使专家的意见得到了聚焦，获得了一致性结论，从而结束了德尔菲法的问卷调查，具体操作过程如下：

1. 第一轮德尔菲问卷的发放、回收与分析

本研究以扎根理论归纳出的护理人员服务行为具体表现为基础，将护理人员主动服务客户行为进行量化，采用李克特量表的形式，编制成第一轮德尔菲问卷。而且，为了保证问卷的内容效度，问卷中每个条目所涉及的主动服务客户行为均是现有的学术概念，同时，扎根理论中的编码过程与理论性抽样基本可以保证测量指标涵盖员工主动服务客户行为的概念边界。

随后，采取电子邮件和背靠背的形式向20名专家发放第一轮问卷，收回问卷20份，回收率100%，有效率100%。首先，向专家解释员工主动服务客户行为的内涵和特点。其次，请专家评价在护理行业中，以下行为在多大程度上属于护理人员主动服务客户行为。对回收的问卷进行统计分析，结果见表2-2，将均值排在前2/3的条目安排进入第二轮问卷，将均值排在后1/3的条目删除（苏磊，2015），即健康宣讲和同事合作行为被删除，并根据专家建议对条目的语言进行了修正，形成第二轮问卷。

2. 第二轮问卷的发放、回收与分析

第二轮问卷仍采用电子邮件途径发放，发放20份，收回20份，回收率100%，有效率100%。使用SPSS21.0软件进行统计分析，得出第二轮问卷的描述性统计结果，见表2-2。

表2-2　　第一轮和第二轮德尔菲问卷的描述性统计结果

行为表现	第一轮德尔菲问卷结果 均值	第一轮德尔菲问卷结果 标准差	第二轮德尔菲问卷结果 均值	第二轮德尔菲问卷结果 标准差
关注并及时满足患者需求	4.15	0.49	4.45	0.61
健康宣讲	1.35	0.49	（删除）	
主动关心患者情绪	4.25	0.44	4.40	0.51
主动观察患者生活需求并帮助他们	4.05	0.51	4.20	0.62
同事合作	1.65	0.75	（删除）	
检查患者需求是否得到满足	4.10	0.55	4.30	0.47

续表

行为表现	第一轮德尔菲问卷结果		第二轮德尔菲问卷结果	
	均值	标准差	均值	标准差
主动观察并提供针对性服务	4.35	0.49	4.35	0.49
持续性服务	4.70	0.47	4.80	0.41

3. 筛选结果

通过表2-2可以看出，第二轮问卷中所有条目的均值全部大于4.00，标准差均小于1.00，这表明专家组成员一致认为这6种行为属于护理人员主动服务客户行为。本研究根据员工主动服务客户行为的内涵界定，并综合扎根理论与德尔菲法的研究结论，识别出6种主要的护理人员主动服务客户行为，分别是关注并及时满足患者需求、主动关心患者情绪、主动观察患者生活需求并帮助他们、检查患者需求是否得到满足、主动观察并提供针对性服务、持续性服务。

（五）量表初步编制

根据扎根理论归纳出的护理人员主动服务客户行为的内容，形成陈述式的量表题目，并在所有的量表条目上都使用第一人称，以增强被试的主体感，从而提高测量的准确性和真实性，例如"我能主动觉察和发现患者关注的问题，并及时帮助患者解决"。按照梁建、刘芳舟和樊景立（2017）提出的量表内容效度的评价准则，本研究邀请3位管理心理学领域的研究人员（1位博士生和2位硕士生）和3名护理人员，检查每个测量条目是否具有代表性。而且，为了确保测量条目符合企业管理实际情况，本研究特别邀请三位护士长对问卷条目的可理解性与清晰性做出评价。最后，综合专家学者与护理人员的意见，对问卷题目进行修订，形成一份包含6道题目的预测量表（见表2-5）。量表采用李克特7级评分（1=完全不符合，7=完全符合）。

四 量表预试与正式量表形成

(一) 预试样本的描述性统计分析

为了检验量表的稳定性与内在结构,在开展大样本问卷调查之前,需要对其进行预试。本研究在多家医院进行问卷预试,共发放预试问卷 550 份,有效回收问卷 509 份,回收率 92.55%。其中男性 29 人,女性 480 人,平均年龄 29.78 岁（SD = 5.91）,平均工作年限 7.78 年（SD = 6.65）,学历方面,本科（77.21%）最多,大专（20.04%）其次,职称方面以护师（47.54%）、护士（31.43%）和主管护师（16.90%）为主。

(二) 统计分析

用 SPSS 21.0 软件将回收的数据随机分半,分半数据 1 采用 SPSS 21.0 软件进行探索性因素分析,分半数据 2 采用 Amos 21.0 进行验证性因素分析。

1. 项目分析

本研究采取计算各条目与问卷总分相关系数的方式,对预试问卷进行项目分析,根据统计结果,所有条目与问卷总分的相关系数均大于 0.50,并达到显著水平（$p < 0.001$）,表明预试问卷各条目的鉴别力较高,但为了保证研究结果的科学性,本研究在验证性因子分析中进一步检验预试问卷的聚合效度。

2. 内部一致性、内部结构检验

本研究采用针对李克特量表开发的 Cronbach'α 系数对预试量表进行内部一致性检验,旨在评价预试量表的信度,按照梁建等（2012）的观点,要求 Cronbach'α 的值大于等于 0.80。通过使用 SPSS 21.0 软件计算预试量表的 Cronbach'α 系数为 0.89,表明此预试量表具有较高的内部一致性与稳定性。

通过 SPSS 21.0 软件对分半数据 1 的 265 个样本进行探索性因素分析。首先采用 KMO（Kaiser-Meyer-Olkin Measure of Sampling Adequacy）和 Bartlett 球形检验（Barlett Test of Sphericity）来考察数据是

否适合进行因素分析。KMO 的值在 0 到 1 之间，KMO 越大表示变量之间的共同因素越多且净相关系数越低，进行因素分析的 KMO 值应至少大于 0.60。本研究结果显示 KMO 值为 0.88，达到"良好"的标准，Barlett 球形检验结果卡方值为 874.93（$p < 0.001$）。由此说明，数据适合进行探索性因素分析。

本研究采用主成分分析法（Principle Factor Analysis，PFA）抽取主因子，使用最大变异法（varimax）进行直交转轴，特征值大于 1 作为主成分需要保留因子的标准。因此，在本研究中，得到 1 个因子，解释变异量是 65.12%。进一步采用碎石检验发现，从第 2 个因子开始特征值的走势出现明显平缓（见图 2-2），因此保留 1 个因子较为适宜。

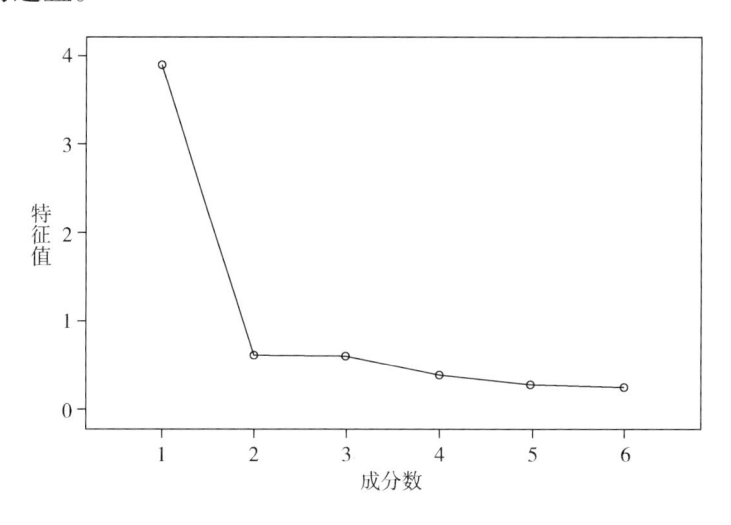

图 2-2　因子分析碎石示意

根据普遍采用的项目筛选标准，共同度低于 0.30，因素负荷低于 0.40 或者出现多重负荷（即双重负荷都在 0.30 以上且负荷之差小于 0.30）的项目均应删除。基于此标准，无须删除条目，最终量表的项目为 6 个，因素分析结果如表 2-3 所示。

表2-3　　　　　　　　　　因素分析结果

项目	因素负荷	共同度	特征值	解释率
T1	0.71	0.51	3.91	65.12%
T2	0.83	0.69		
T3	0.88	0.77		
T4	0.84	0.70		
T5	0.86	0.73		
T6	0.72	0.51		

3. 内部结构与聚合效度检验

在探索性因素分析结果支持单维度模型的基础上，进一步使用验证性因素分析单维度结构的拟合情况，用 Amos 21.0 软件对分半数据 2 中的 244 个样本进行验证性因素分析，结果如表 2-4 所示。

表2-4　　　　　　　验证性因素分析模型拟合指数

模型	χ^2	df	χ^2/df	RMSEA	GFI	AGFI	NFI	IFI	CFI
M	10.504	9	1.168	0.026	0.986	0.967	0.989	0.998	0.998
评价标准			<2	<0.05	>0.90	>0.90	>0.90	>0.90	>0.90

从上表可以看出，样本群体数据能较好地拟合单因素模型（侯杰泰、温忠麟、成子娟，2004），χ^2/df 小于 2，RMSEA 小于 0.1，GFI、AGFI、NFI、IFI 和 CFI 均大于 0.90。因此，验证性因素分析支持单维度结构。标准化系数如图 2-3 所示。根据以上所述各项指标的含义及其数值要求，表明护理人员主动服务客户行为问卷与访谈结果相符合，量表具有良好的结构效度。

（三）形成正式量表

为了保证量表的可操作性，本研究再次综合被试对预测问卷的反馈意见，形成正式量表，具体条目见表 2-5，为后文中护理人员主动服务客户行为的实证研究奠定基础。

基于对护理人员访谈的质性研究结果和专家德尔菲法编制护理人员主动服务客户行为的初步问卷，并通过探索性因素和验证性因

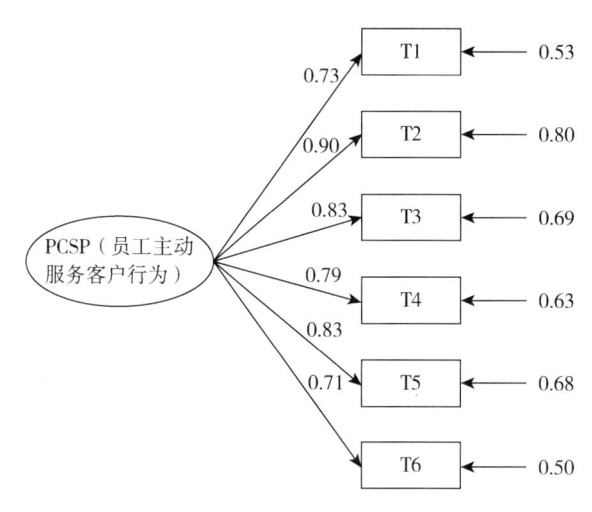

图 2-3　单因子模型验证分析标准化系数

素分析进一步验证问卷，结果说明该量表具有良好的信度和效度，符合测量要求，可作为进一步研究的工具。

表 2-5　　　　　护理人员主动服务客户行为量表条目

编号	条目
1	我能主动觉察和发现患者关注的问题，并及时帮助患者解决
2	我会主动关注患者的心理（例如情绪）状态，并尽可能地采取一些措施去疏导患者的消极情绪，例如安慰、倾听等
3	我会主动观察患者生活上的一些需求，并尽可能地帮助他
4	我会主动检查患者的需求是否得到满足
5	我会主动观察和预测每个患者的不同需求，并针对性地为患者提供服务
6	在患者出院后，我还会通过一些方式关注患者病情，持续性地为患者提供服务

第二节　研究二：护理人员主动服务客户行为的作用效果和影响因素
——基于 T 医院的案例研究

目前，国内外学者已经认识到员工主动服务客户行为的价值，医疗行业作为新兴服务行业，护理人员的服务行为对患者和医院都非常重要，其主动服务客户行为能带来哪些积极的影响，能否解决当下的护患、医患冲突问题，都需要我们进一步探讨。同时，如何培养护理人员主动服务客户行为已经成为医疗行业的难题。而员工主动服务客户行为受到很多因素的影响，需要我们从多个方面进行分析，并提出相应的培养路径。

以往研究主要采用定量研究的方法对一般服务行业中员工主动服务客户行为的前因机制进行探讨，缺少对特定职业群体进行深入和个性化的分析。对于护理人员主动服务客户行为还需要我们根据具体行业特征和行为发生过程进行逐步探讨。据此，为了更好地了解护理人员主动服务客户行为的作用及其影响因素，本研究选择了一家具有代表性的医院作为典型案例，帮助我们在较大程度上解释某一现象出现的环境和条件（Yin，2004）。T 医院成立于 1965 年，是一家国家公立三甲医院，经过近几十年的发展，已经成为我国中西部地级市排名第一的医院。同时，T 医院非常重视对护理人员服务质量的培养，正在大力提高护理人员的服务表现。结合"代表性"与"可接近性"因素，选择 T 医院作为个案研究对象，通过对不同科室护理人员进行深度访谈，全面探讨护理人员主动服务客户行为的作用效果，分析影响该行为的关键因素，以期为相关医疗行业培养护理人员主动服务客户行为提供理论与实践指导。本研究基于中国情境对医疗行业中护理人员主动服务客户行为的作用效果和影响因素的探讨具有一定的理论价值与现实意义。

一 员工主动服务客户行为的研究梳理

在服务型企业中，员工主动服务客户行为的提出主要是为了满足多变的服务情境和客户需求，通过主动服务为客户提供超过预期的服务，提高客户满意度。Raub 和 Liao（2012）的研究发现员工主动服务客户行为能提升客户的整体满意度。不仅如此，员工主动服务客户行为也可能进一步对组织中其他方面产生积极影响。例如，在服务型企业中,提升客户满意度有助于提高客户的品牌忠诚,促使客户承诺在未来继续购买这一品牌商品或服务(郑超,2014)。同时,客户可能还会推荐身边的朋友来购买,提高组织整体绩效。因此,员工主动服务客户行为不仅能提高客户满意度,更可能在此基础上进一步增进组织效能、降低成本、提升工作绩效和服务品牌影响力,促使组织目标的达成。在服务行业的激烈竞争中,员工主动服务客户行为对服务型企业的发展具有重要的意义。

关于员工主动服务客户行为的作用效果,目前研究主要基于组织收益的视角来探讨这一问题(Raub & Liao, 2012)。但员工主动服务客户行为除了提高客户满意度以外,对客户行为的影响还需要我们进一步挖掘。同时,员工作为主动服务客户行为的实施者,现有研究却没有从员工个人收益的角度来探讨这一问题。总之,目前研究者已经关注到员工主动服务客户行为的一些作用效果,但依然缺乏对员工主动服务客户行为的作用效果全面、准确的认识。在医疗行业中,护理人员主动服务客户行为的作用效果也需要进一步探讨。

目前研究针对员工主动服务客户行为影响因素,主要从个体层面、团队层面、组织层面以及个体特征与组织情境交互作用四个方面进行了探讨。例如,从个体层面来看,主要包括个体主动性人格(Rank et al., 2007)、自我效能感(Raub & Liao, 2012)、客户取向观点采择能力(Huo et al., 2014);从团队层面看,主要包括领导行为(Wu et al., 2016; Lyu et al., 2017)、组织氛围(Raub & Liao, 2012; Lau et al., 2017)、工作特征(Rank et al., 2007)、工作情境(Zhu et al., 2017)等;从组织层面看主要包括组织人力资源管理(Chen et al., 2017)和组织导向(Hamzah et al., 2015)等。此外,个体特征和组织情境也会交互影响员工主动服务客户行为(Raub & Liao, 2012;刘喆等,2017)。尽管目前研究者已经对员工主动服务客户行为的前因变量有了相对丰富的认识,但依然较少对员工主动服务客户行为的影响因素进行全面探讨。本研究通过对护理人员的深度访谈，构建影响护理人员主动服务客户行为影响因素的整合模型，对于我们更加全面地理解这一行为具有重要意义。

综上所述，（1）虽然前人针对员工主动服务客户行为的作用效果和影响因素进行了探讨，但由于员工主动服务客户行为在不同行业中的具体表现有所区别，在探讨护理人员主动服务客户行为的效果和影响因素时应该结合行业特征与企业个案现状，综合考虑实际情况和各方面因素，使其更具指导意义。（2）关于护理人员主动服务客户行为的作用效果的研究相对较少，还未探讨员工主动服务客户行为在医疗行业中的作用及其对客户和员工个人的作用效果。（3）已有研究大多只关注个体和组织内部因素对员工主动服务客户行为的影响，缺乏对外部情境因素的探讨。（4）以往的研究大多从设置前因变量入手，在方法上主要采用问卷调查的形式，这一方法能够快速挖掘不同变量之间的广泛关系，但是很难针对某一职业群体进行深入和个性化的分析，也很难提出针对性的提升策略。在此基础上，为了更好地了解护理人员主动服务客户行为的作用效果和形成过程，笔者将通过对患者满意度较高的护理人员进行深度访谈，探讨护理人员主动服务客户行为作用效果并梳理不同层面的影响因素。

二 研究设计

（一）研究方法的选择缘由与实质

案例研究就是研究单一案例的特殊性和复杂性，从而解释特定语境下案例所涉及的个体和群体的活动（Stake，1995）。Yin（2004）认为案例研究适合研究对象处于无序的状态，或正在发生的事情无法控制时。护理人员主动服务客户行为的作用效果以及如何成长为一个高主动服务客户行为的员工是一个复杂的现实问题，它是个体因素、组织内部因素与外部情境因素共同作用的结果。因此，本研究采用扎根理论的个案研究，不做任何理论假设，从现象中挖掘相应规律，从原始资料中自下而上地建立理论。

扎根理论（Grounded Theory）是由社会学家 Glaser 和 Strauss 在 20 世纪 60 年代创立和发展起来的。扎根理论将抽样访谈、文本分析和理论建构看作一个有机互动、互相促进的过程（孙晓娥，2011）。深入访谈作为质性研究的一种重要研究方法，目的在于通过与被调查者深入交谈形成一系列由问题和回答组成的原始材料，探讨社会现象的形成原因。通过深入访谈可以形成丰富的文本资料，运用扎根理论可以对个体经验进行比较分析、归纳总结，从而提升概念与理论。

本研究采用单案例研究法，选取一所强调和重视护理服务的公立三级甲等医院（以下简称 T 医院）作为研究对象。近年来，T 医院在"磁性护理"理念下，在全院护理单元广泛开展磁性护理示范单元创建活动，强调以患者为中心，着力改善患者就医感受，提升患者服务满意度，在护理服务管理方面享有一定声誉。整体来看，T 医院非常关注如何提高医疗服务质量，提高患者满意度，建立服务品牌。当下随着患者需求日益多元化，传统的只关注日常治疗工作的服务已经不能满足患者需求，护理人员主动服务客户（患者）行为可能直接关系到医院的服务质量与患者满意度及其服务品牌的建立。因此，如何提高护理人员主动服务客户行为，对缓解护患关系、促进医院战略实施和长远发展具有很强的现实意义。为了更好地理解护理人员主动服务客户行为的作用效果和影响因素，给组织提供有效的管理建议，笔者对 T 医院由患者评出的最满意的护士和护士长进行了访谈与分析。

（二）研究过程

研究的开展具体分为三阶段：（1）介入阶段：研究者于 2017 年 8 月至 9 月以博士生暑期服务实践名义进入案例地，提前了解医院的基本情况，确定研究开展的可行性，与研究单位及研究对象建立良好的关系，保证研究的顺利开展。（2）观察探索阶段：在实践期间，与医院护理部沟通了解各科室情况。具体包括：获得近两年由患者评选出的最满意的护士名单；通过与科室护士长的接触，初步筛选科室主动服务客户行为较多的护士。（3）数据收集阶段：本研究采用扎根理论中理论抽样的方法进行收集。首先，根据研究问题，选择能够提供最大信息涵盖量的研究对象,即"开放性抽样";在访谈资料整理的中后期阶段,针对所获信息进一步选择能够完善和修正理论的调查对象,即"区别性抽样"。因此,在实际研究过程中,根据员工主动服务客户行为的定义,初步将访谈对象锁定为科室优秀服务护士。由于医院中科室较多,本次访谈基本覆盖医院所有科室,包括内分泌科、呼吸内科、血液内科、肾病内科、心脏内科、神经内科、肿瘤科、口腔科、老年医学科、泌尿外科、神经外科、胸心大血管外科、普外科、骨科、儿科、康复科、妇产科等。每个科室访谈1—2名患者最满意的护士,共访谈护士25人。在深入访谈过程中,通过访谈逐步引导被访者对自己的生活进行构建性诠释,尽可能还原他们的真实世界。研究小组共2人,每位访谈时间大致在25分钟左右,结束后研究人员尽快将访谈笔录转化成访谈资料,将资料依次编号为1—25。

(三)访谈提纲

本研究采用半结构访谈,呈现系列结构问题。访谈大纲分为两部分,第一部分为受访者的基本信息,包括年龄、籍贯、工作年限、职称等;第二部分由四个主题目和若干个小题目组成:

①在您的日常工作中,您做哪些事情能让患者对您的服务很满意(例如,患者对您的一些好的反馈,比如感谢和赞赏)?

②在您刚刚提到的这些事情中,除了科室或工作职责的要求,您做这些事情的原因是什么?在什么情况下您会更多地做这些事情?

③您认为做这些事情能带来哪些影响?

④您觉得医院或科室采取哪些措施能帮助您去做这些事情?

根据受访者的具体回答,适时补充提问。访谈时间控制在25分钟左右。访谈采用的是一对一面对面的形式。首先请每位访谈对象依次回答访谈提纲中的问题,研究者在其回答问题过程中根据出现的一些要点进行追加提问。在征得访谈对象的同意后,我们对访谈全程进行录音,并在访谈结束后对录音资料进行整理,最终共获得约13个小时的访谈录音和大约17万字的访谈逐字稿。

三 分析过程

扎根理论通常采用逐级编码的方式,包括开放式编码、主轴编码和选择性编码。首先,开放式编码主要是将原始材料进行分解,确定主题并命名;其次,主轴编码主要是对开放式编码中抽取出的主题和概念进行重新排序,确定它们之间的关系;最后,选择性编码主要基于以上两个步骤的结果,从整体的角度分析数据。

(一)开放式编码

第一阶段将25份深度访谈的原始材料进行开放式编码,将文本信息打散、赋予概念,把相近的主题概念重新组合,用以描述资料呈现出的整体特征(编码示例见表2-6)。通过研究小组的反复讨论,最后提炼出26个员工主动服务客户行为的作用效果的概念范畴(见表2-7),36个员工主动服务客户行为影响因素的概念范畴(见表2-8),为主轴编码奠定基础。

表2-6 影响因素开放式编码示例

原始资料	概念提取	开放式编码
从某些方面来说,病人家属都是弱势人群,我们要有一种同理心,主动去服务,帮病人解决问题	同情心	宜人性:考察个体对其他人所持的态度,这些态度包括亲近人的、有同情心的、信任他人的、宽大的、心软的。宜人性代表了"爱"及对合作和人际和谐是否看重。在宜人性维度上得高分者是亲社会的,他们乐于助人,信任他人;得低分者具有怀疑他人,不愿与他人合作等特点
每个病人都是弱者,都值得同情		
因为我觉得我自己是一个比较有爱心的人,你更能够站在病人的角度去体会他的这种焦虑,要站在病人的角度,对他充满了爱心	爱心	
因为我觉得他们需要帮助,如果我能帮忙的话,我肯定会帮	乐于助人	
我就是想帮你,我就觉得我应该帮你一把		
护士讲究奉献	奉献	
没有那种奉献精神,你是干不下去的		

护理人员主动服务客户行为作用效果的具体访谈示例如下:

每天我们还会打随访电话，出院后打电话随访病人在家里的情况，提醒她下次到时间了按时来治疗。除了院内的支持，我们还把服务延伸到了院外，出院之后的服务。每次跟病人打随访电话，打完之后，病人就感觉"啊，你还在关心我们"，病人就会特别感谢，很愿意配合我们的治疗，下次再过来治疗也特别开心，治疗效果也比较好，对我们的工作也特别支持。

要注意观察患者的一个心理，他的需要。就是说只有你真正了解到患者他需要什么，然后你才能恰到好处地去给他服务。这样做的第一个结果就是效果好，第二个结果就是患者比较满意。因为我当时做责任护士的时候就是经常收到患者的表扬，很多阿姨出院的时候就是特别不舍，还给我表扬，还拍照留念呀什么的，这样我也会觉得工作特别开心，有意义。

你必须要用心观察，用心服务。最终还是要达到一个医患和谐。患者满意了，我们的服务也就得到了认可。

护理人员主动服务客户行为影响因素的具体访谈示例如下：

我觉得我们科室的氛围还是很好的，首先这个医院的大环境，我觉得在这个地方我有干劲儿，我想干好。我们科室的氛围很好。我觉得我在这儿挺满意的，因为大家都干工作，开开心心的吧，就不会有人有那么多的负面情绪去感染你，我觉得我自己是比较乐观的。就是我觉得在上班，哪怕就是最后一分钟，你也要把工作做好再走。

每次看到他们出院，看到他们脸上笑，你就会觉得很满足，觉得你的价值得到了体现，你主动为他服务的事情都值得了。

当护士的目标就是我要做得更好,我要更优秀。那么你多为患者想一些、多考虑一下患者的感受,站在患者的角度想问题,你就会觉得,离目标就更近一步了。

我们护士长是起很大作用的。因为他是我们的领导也是我们工作的核心。肯定他是个管理者,所以他会在管理工作上对我们很严格。同时就是我觉得他在倡导一些正能量的东西。比如说他怎么教导我们,你首先要知道怎么做人,或者在我们中间谈一些积极的东西。所以,护理这方面的文化我觉得需要提高。这也是我从北京天坛医院进修回来,我想和我们护士长沟通,也想在我们科室推行的。比如说,我们要让患者,让医护人员保持安静,让整个病房安静,我们老是口头上说,或者挂个牌子:"安静"两个字,人家会觉得很大很宽泛。但是他们那边就是写一封信,就是倡导书、倡导信,写上"静悄悄",他会跟你讲为什么要保持静悄悄,以及这样做对患者的康复有什么好处。而且作为医护人员,我们也要做到。我们平时说话的时候,尽可能降低自己的分贝,让每个人都这样做的话,就是倡导一种氛围。

(二) 主轴编码

主轴编码是在开放式编码的基础上,对抽取出的 26 个员工主动服务客户行为作用效果概念范畴和 37 个影响因素概念范畴分别重新组合,进一步梳理研究对象的特征。为了发现各个相对独立的特征概念之间的潜在关系,需要将相关概念连接在一起,建立潜在的逻辑关系(吕三玉等,2014)。因此,根据不同的相互关系和逻辑层次,对 26 个作用效果的概念范畴进行重新归类,归纳出 11 个轴向编码,分别是减少患者消极情绪、提高治疗效果、客户忠诚度、满意度、工作支持、护患关系、患者积极行为、工作—家庭促进、积极情绪、自我效能感、工作意义感,具体见表 2-7。

采用上面的方法,对 37 个影响因素概念范畴进行重新归类,归纳出12个轴向编码，分别是人格特质、一般能力特征、职业认同、家庭因素、工作相关因素、社会学习、团队氛围、组织支持、组织认同、组织文化与政策、患者消极行为和患者积极行为，具体见表2-8。

表2-7　　　员工主动服务客户行为作用效果编码过程

开放式编码	主轴编码	选择性编码
情绪疏导	减少患者消极情绪	对客户（患者）的影响
让患者能乐观地对待		
能减轻痛苦减轻压力		
恢复得好	提高治疗效果	
让患者坚持治疗		
再次住院的时候，还会选择同一个科室	客户忠诚度	对组织的影响
给科室做宣传		
对科室满意	满意度	
配合度很高	工作支持	对员工的影响
支持护理工作		
操作或沟通更顺畅		
关系更好	护患关系	
体谅护士		
对护士信任		
患者表扬	患者积极行为	
对工作更认可		
感激		
患者夸奖		
工作好，家庭才能好	工作—家庭促进	
开心	积极情绪	
欣慰		
心情愉悦		
更有信心	自我效能感	
能力的肯定		
有价值	工作意义感	
有意义		

表 2-8　员工主动服务客户行为影响因素编码过程

开放式编码	轴向编码	选择性编码	开放式编码	轴向编码	选择性编码	开放式编码	轴向编码	选择性编码
宜人性	人格特质	个体层面因素	工作倦怠	工作相关因素	个体层面因素	集体荣誉感	组织认同	组织层面因素
神经质			工作经验			为医院而骄傲		
责任心			工作压力			关爱护士政策	组织文化与政策	
主动性人格			榜样学习	社会学习		家庭支持政策		
观点采择能力	一般能力特征		模仿学习			组织家庭支持政策		
角色宽度自我效能感			助人氛围	团队氛围	团队层面因素	组织服务制度		
情绪智力			团队凝聚力			薪酬待遇		
工作意义感	职业认同		友好氛围			患者胡搅蛮缠	患者消极行为	客户（患者）层面因素
热爱工作			服务氛围			患者要求太多		
工作目标			主管支持	组织支持		患者夸奖	患者积极行为	
工作价值			同事支持			患者工作支持		
家庭支持	家庭因素		团队支持			护患关系		
家庭需求								

(三) 选择性编码

选择性编码是在前两个阶段的基础上，确定核心范畴的过程。对作用效果的 11 个轴向编码进一步分析，最后归纳出 3 个核心范畴（即选择性编码）：对客户（患者）的影响（减少患者消极情绪、提高治疗效果）、对组织的影响（客户忠诚度、满意度）、对员工的影响（工作支持、护患关系、患者积极行为、工作—家庭促进、积极情绪、自我效能感、工作意义感）（见表 2-7）。

对影响因素的 12 个轴向编码进一步分析，最后归纳出 4 个核心范畴（即选择性编码）：个体层面因素（人格特质、一般能力特征、家庭因素、职业认同、工作相关因素）、团队层面因素（社会学习、团队氛围、组织支持）、组织层面因素（组织认同、组织文化与政策）、客户（患者）层面因素（患者消极行为、患者积极行为）（见表 2-8）。不难看出，扎根理论的编码过程就是"编故事"的过程，从庞杂的原始材料中提取核心范畴，最终形成一个完整的"故事"。

四 研究发现

(一) 员工主动服务客户行为的作用效果

1. 对组织的影响

与前人研究相一致，护理人员主动服务客户行为对组织有积极的影响，不仅能提高客户满意度，也能提高客户的忠诚度。因此，对于组织来说，提高员工主动服务客户行为具有重要的意义。

2. 对客户（患者）的影响

员工主动服务客户行为的作用不仅仅体现在组织层面，对于客户（患者）来说也具有积极的作用，例如，满足患者需求，减少患者消极情绪，使患者的治疗效果更好。这对于患者来说其重要性已经超越了一般服务行业中提到的对客户满意度的影响，说明护理人员主动服务客户行为具有重要的作用。

3. 对员工自身的影响

前人对员工主动服务客户行为作用效果进行探讨时，更多关注的是对组织和客户的积极作用,本研究发现护理人员主动服务客户行为也能对护理人员自身产生积极作用。护理人员通过主动服务客户行为,让患者感受到其积极主动的服务;作为回报,患者也会对护理人员表示感谢、肯定和夸奖,这不仅减少了护患之间的冲突,降低了护患消极互动,也能进一步提高护理人员的自我效能感和积极情绪,并增强其工作价值感和意义感,促使护理人员更愿意继续主动为患者提供良好服务。

基于此,我们可以看出,护理人员主动服务客户行为的积极作用表现在多个方面,不仅是组织,而且对护患互动过程中的双方都有积极影响。在医疗行业中,护理人员主动服务客户行为具有重要价值,不仅能提高患者满意度,更能改善患者治疗效果,建立医院服务品牌。此外,护理人员主动服务客户行为对护理人员自身也有积极作用,例如,提高员工工作满意度、构建和谐的护患关系等。这一结果不仅拓展了前人关于员工主动服务客户行为作用效果的研究,也提示我们在医疗行业的服务管理过程中要重视护理人员主动服务客户行为。

(二)员工主动服务客户行为的影响因素

1. 个体层面的因素

首先,在员工主动服务客户行为的研究中,已有研究认为员工人格特质、一般能力特征和家庭因素对员工主动服务客户行为都会产生影响。笔者通过深度访谈发现,与前人研究一致,护理人员的主动性人格、观点采择能力、角色宽度自我效能感等对其主动服务客户行为也会产生影响。此外,访谈还发现护理人员宜人性、神经质、责任心、情绪智力等人格特质也会对其主动服务客户行为产生影响,高宜人性、低神经质、高责任心的护理人员更可能表现出主动服务客户行为。因为高宜人性的护理人员对患者有更高的同情心和爱心,更可能愿意主动为患者提供良好的服务。而低神经质和高情绪智力的护理人员在工作中能以更加积极的心态去应对和解决工作中的问题。在个体层面的因素中,除了人格特质和一般能力特征,个体的家庭因素也会对护理人员主动服务客户行为产生影响。护理人员感受到过高的家庭需求会消耗其工作资源，导致护理人员在工作中不能及时发现问题，不能主动为患者提供服务。但当家庭提供一些支持时，不仅能缓解护理人员的家庭压力，也能促进护理人员主动服务客户行为。

其次，护理人员的职业认同也会影响其主动服务客户行为。与前人研究发现相一致，当护理人员认为自己的工作有意义、有价值，将为患者提供优良服务作为工作目标时，护理人员将更愿意并且有更强的动机主动为患者提供良好的服务。

最后，与工作相关因素也会影响护理人员主动服务客户行为。通过访谈发现，护理人员较大的工作压力，一方面会让其没有时间和精力去主动为患者提供服务，同时也会让护理人员难以觉察到患者的需求，导致其更少表现出主动服务客户行为。而对于工作年限对护理人员主动服务客户行为的影响，访谈的结果并未得出一致结论。有的护理人员认为，随着工作年限的增加，护理人员可能会由于工作倦怠降低主动服务客户行为，但是也有护理人员认为随着工作年限的增加，其工作经验也会增加，能帮助员工更好地应对工作中出现的问题，更好地理解和满足患者的需求，表现出更多主动服务客户行为。因此，对于工作年限与员工主动服务客户行为之间的关系可能为倒 U 形曲线关系，未来研究可对这一问题进行更加深入的探讨。

2. 团队层面因素

影响护理人员主动服务客户行为的团队层面因素主要包括社会学习、团队氛围和组织支持。护理人员在工作中的社会学习过程会影响其主动服务客户行为。尤其是新入职的员工，在看到科室中其他护理人员的服务表现时，会向他们学习，主动为患者提供服务。同时，护理人员所在团队的服务导向和团结友好氛围，都能激活护理人员的主动动机状态，促使其更多表现出主动服务客户行为。同样的，当团队为护理人员提供一系列组织支持时，包括领导支持和同事支持，不仅为护理人员提供了资源，也能提高护理人员主动动机状态，让护理人员有更多的资源和更高的动机进行主动服务客户行为。

3. 组织层面的因素

影响护理人员主动服务客户行为的组织层面因素包括组织认同和组织文化与政策。当护理人员对组织认同较高时，护理人员会更愿意为实现组织利益而努力，在面对客户时会表现出更多的主动服务客户行为，以此来提高客户满意度，促进组织的目标达成。同时，关爱员工的组织支持文化与政策，不仅给护理人员提供了良好的工作环境，也能增加员工对组织的认同，让护理人员有机会、有资源且有更高的意愿进行主动服务客户行为。

4. 客户（患者）层面因素

目前，在员工主动服务客户行为的研究中，研究者主要关注的是员工个体层面因素和组织内部因素的作用，却忽略了对于一线服务人员来说，与员工频繁互动的客户可能发挥的重要作用。在访谈中发现，患者的夸奖、感谢、支持等积极行为对护理人员主动服务客户行为有积极的促进作用。因为患者表现出的积极行为能提高护理人员的主动动机状态（例如，自我效能感、工作意义感和积极情绪），进而促进护理人员主动服务客户行为。但是患者表现出的一些消极行为，例如患者的一些无礼或欺凌行为，可能会降低其主动服务客户行为，但对于那些情绪调节能力强的护理人员来说，当其换一个角度来看待患者的消极行为时，可能会缓解客户消极行为对员工主动服务客户行为的影响。

此外，在访谈中还有一个重要的发现，即护理人员主动服务客户行为与患者积极行为之间可能存在积极互动螺旋效应。护理人员主动服务客户行为是一种超过患者预期的服务，能有效满足患者需求，提高患者满意度。当患者对护理人员的服务感到满意时，患者更可能对护理人员表示感谢、肯定、支持等，表现出更多积极行为。而患者的积极行为又能提高护理人员的主动动机状态，从而提高主动服务客户行为。

第三节 本章小结

员工主动服务客户行为一直是企业和学术界共同关注的话题，员工主动服务客户行为的重要性不言而喻。随着医疗改革进程的推进，护理人员主动服务客户行为也受到了越来越多的关注。鉴于护理人员主动服务客户（患者）行为的价值和意义，本章通过两个研究对护理人员主动服务客户行为进行了全面的探讨。研究一通过对 27 名护理人员进行访谈和 509 名护理人员进行问卷调查，明晰了护理人员主动服务客户行为的表现形式，并开发相应的测量工具，为后续研究奠定了基础。研究二以 T 医院为典型案例，通过对 25 名护理人员的深度访谈，探讨了护理人员主动服务客户行为的作用效果和影响因素。得出以下结论与启示（见图 2-4）：（1）通过深入访谈的路径还原，提炼出员工主动服务客户行为的作用效果的 3 个范畴：对组织的作用、对客户的作用和对员工自身的作用。与前人在一般服务型企业中关于员工主动服务客户行为作用效果的研究相一致，护理人员主动服务客户行为对组织有积极的影响，能有效提高客户满意度和客户忠诚度。类似的，在医疗行业中，护理人员主动服务客户行为对其客户，即患者病情和治疗有积极作用。不仅如此，访谈中还发现员工主动服务客户行为对员工自身也会产生积极影响，例如减少客户消极行为，增加客户积极行为，提高员工自我效能感等。因此，不论对于组织，还是客户和员工，提高员工主动服务客户行为都具有重要的作用和意义，这也说明了护理人员在工作中需要表现出主动服务客户行为。（2）提炼出影响员工主动服务客户行为的 4 个范畴：个体层面因素、团队层面因素、组织层面因素和客户（患者）层面因素。每个核心范畴都含有多个影响因素。不难发现，区别于传统的关注员工个体因素和组织内部因素，本研究通过访谈发现，对于一线服务人员来说，客户积极行

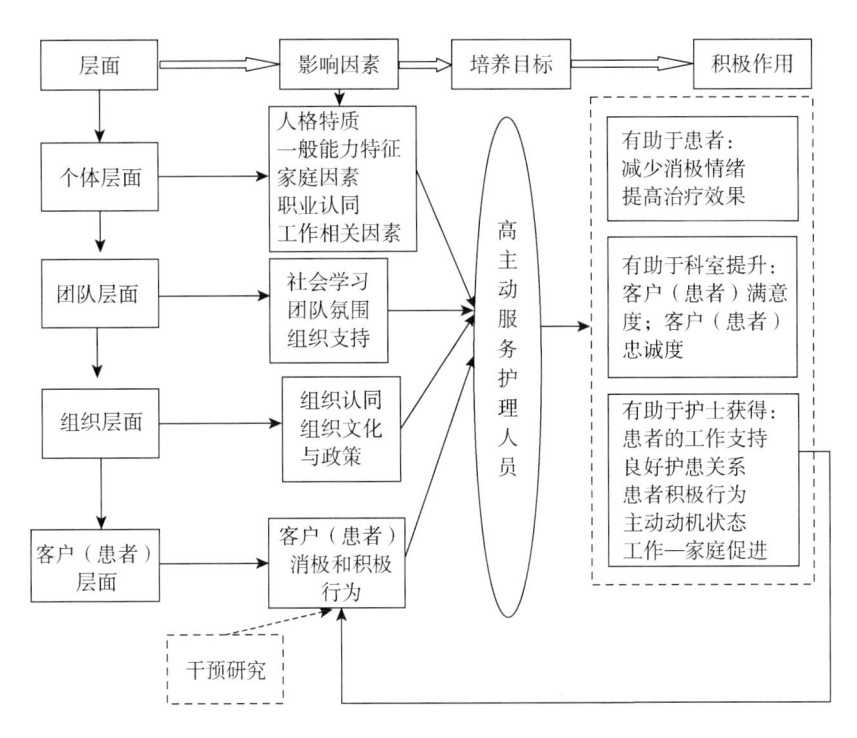

图 2-4　护理人员主动服务客户行为的作用效果和影响因素

为在促进员工主动服务客户行为中发挥着重要作用。当客户支持员工的工作、对员工表示感谢和肯定时，员工的自我效能感、工作意义感和积极情绪都会提升，从而提高员工主动服务客户行为。因此，在促进员工主动服务客户行为时，需要考虑多个层面因素的影响，除了前人研究中提到的员工个体因素和组织内部因素外，组织外部因素也会对员工主动服务客户行为产生影响，尤其是客户积极行为。

（3）更为重要的是，本研究通过访谈发现员工主动服务客户行为与客户积极行为（例如客户支持）之间可能存在积极互动螺旋效应。这提示我们员工主动服务客户行为可能通过促进客户支持，进一步提高员工主动服务客户行为，从而促使员工在与客户的互动过程中持续表现出主动服务客户行为，说明员工行为可能通过客户的作用再回到员工。但这一过程还需要我们进一步探讨，因此，在第四章中我们将首先挖掘客户—员工互动过程中客户积极行为的作用，并在第五章进一步检验其互动螺旋效应。

  综上，本研究以 T 医院为案例，对护理人员主动服务客户行为的作用效果和影响因素进行了探讨，结果发现员工主动服务客户行为对组织、客户和员工自身都有积极影响，说明在不同服务行业中员工主动服务客户行为都具有重要的价值和意义。同时，医疗行业作为新兴服务行业，也具有服务行业的一般特点，客户与员工之间都有着频繁的互动，客户积极行为也可能对员工主动服务客户行为产生影响。因此，在服务行业中，组织可以从多个方面采取措施，对员工进行激励，促进员工主动服务客户行为，实现企业和员工的互利共赢。

第 三 章

我国员工主动服务客户行为现状

——以护理人员为例

第二章通过访谈法和案例研究法,对我国护理人员主动服务客户(患者)行为进行了初步探索,不仅明晰了护理人员主动服务客户行为的内涵、测量方式,也对其作用效果和不同层面的影响因素进行了探索和归纳,为后续研究奠定了良好的基础。为了进一步探索我国员工主动服务客户行为的现状,第三章将以护理人员为研究对象,通过两个大样本问卷调查分别探讨员工主动服务客户行为对客户行为的影响,以及员工主动服务客户行为的影响因素。

第一节 研究三:员工主动服务客户行为对客户行为的影响

对于员工主动服务客户行为的作用效果,目前研究主要关注了其对组织的积极作用,比如提高客户满意度,但在互动过程中,员工主动服务客户行为还可能对客户行为产生影响。因此,本节将探讨员工主动服务客户行为对客户欺凌和客户支持的影响。

一 研究目的与研究假设提出

本研究的主要目的是,采用大样本的横断数据,考察员工主动服务客户行为对客户行为(客户支持和客户欺凌)的影响。

当前国内外学者对于一般服务行业中员工主动服务客户行为的作用效果进行了探讨,揭示了员工主动服务客户行为在提高客户满意度方面的作用(Chen et al.,2017;Raub & Liao,2012)。但目前的研究并未对员工主动服务客户行为对客户行为的影响进行探讨。员工主动服务客户行为能超过客户预期去满足客户需求,使客户感受到员工的关心和积极付出,对员工的服务更加满意(Chen et al.,2017;Chi et al.,2018;Rank et al.,2007;Raub & Liao,2012),客户可能会对员工有更多的感谢和夸奖,增加客户支持。

同时,前人研究发现员工消极服务对客户满意度、消极情绪和抱怨行为有影响(Bitner et al.,1990;Maxham & Netemeyer,2002)。相反,员工主动服务客户行为能有效满足客户需求,客户对员工服务满意,也会减少对员工的欺凌行为。因此,我们提出如下研究假设:

假设1:员工主动服务客户行为正向预测客户支持。
假设2:员工主动服务客户行为负向预测客户欺凌。

二 研究方法

(一)研究样本

本研究选取我国某医院护理人员为研究对象,采用横断面设计,发放问卷580份,有效回收问卷540份,有效回收率93.10%。其中,男性26人,女性514人,受教育程度以专科和大学本科(524人,占97.04%)为主,职称以护士、护师和主管护师为主(523人,占96.85%),员工的平均年龄为30.20岁($SD = 5.54$),在目前的组织平均工作了8.03年($SD = 6.33$)。预测被试的具体人口学特征如表3-1。

表3-1　　　　　预测被试的具体人口学特征（n=540）　　　　单位：人，%

属性	类别	人数	频率
性别	男	26	4.81
	女	514	95.19
年龄	25岁以下（含25岁）	56	10.37
	25—35岁（含）	388	71.85
	35—45岁（含）	80	14.81
	45岁以上	16	2.96
文化程度	大专以下	14	2.59
	大专	50	9.26
	本科	474	87.78
	硕士	2	0.37
职称	护士	158	29.26
	护师	275	50.93
	主管护师	90	16.67
	副主任护师及以上	17	3.15
工龄	1年以下（含）	33	6.11
	1—5年（含）	145	26.85
	5—10年（含）	207	38.33
	10—15年（含）	73	13.52
	15年以上	82	15.19

注：因四舍五入，百分比的合计数可能不等于100%。

（二）测量

1. 员工主动服务客户行为

采用研究一中开发的护理人员主动服务客户行为量表进行测量，共6个条目，如"我能主动觉察和发现患者关注的问题，并及时帮助患者解决"。采用员工自我报告的方式，要求员工根据工作中的真实情况进行回答，采用李克特7级评分，1表示"非常不同意"，7表示"非常同意"。在本研究中，该量表的Cronbach's α系数为0.82。

2. 客户支持

采用Zimmermann等（2011）编制的客户支持量表，共5个条目,为了适合医疗行业情境,将量表中"客户"改成"患者",如"患者愿意配合我的工作"。采用员工自我报告的方式,要求员工根据工作中的真实情况进行回答,采用李克特5级评分,1表示"非常不同意",5表示"非常同意"。在本研究中,该量表的Cronbach's α系数为0.91。

3. 客户欺凌

采用Wang等(2011)编制的客户欺凌问卷,共18个条目,为了适合医疗行业情境,将量表中"客户"改成"患者",如"要求特殊对待""怀疑你的能力""在交谈过程中与你争吵"等。采用员工自我报告的方式,要求员工根据工作中的真实情况进行回答,采用李克特5级评分,1表示"从来没有",5表示"非常频繁"。在本研究中,该量表的Cronbach's α系数为0.93。

4. 控制变量

控制变量包括员工组织任期和职称。

三 研究结果

(一) 描述性统计分析

表3-2呈现了各变量的均值及各变量之间的相关关系。表3-2显示员工主动服务客户行为的总分均分为5.63,说明在我国护理员工中广泛存在主动服务客户行为。结果显示员工主动服务客户行为与客户支持呈显著正相关($r=0.47$, $p<0.01$);员工主动服务客户行为与客户欺凌呈显著负相关($r=-0.15$, $p<0.01$)。

表3-2　　　　　研究变量的平均数、标准差与相关矩阵

	平均数(M)	标准差(SD)	受教育程度	组织任期	职称	员工主动服务客户行为	客户支持	客户欺凌
受教育程度	—	—	—					
组织任期	8.03	6.33	-0.003	—				
职称	—	—	0.21**	0.39**	—			

续表

	平均数（M）	标准差（SD）	受教育程度	组织任期	职称	员工主动服务客户行为	客户支持	客户欺凌
员工主动服务客户行为	5.63	0.95	-0.03	0.11*	0.04	—		
客户支持	3.86	0.62	0.01	0.04	0.06	0.47**	—	
客户欺凌	1.94	0.67	0.06	-0.01	0.06	-0.15**	-0.04	

注：*表示 $p<0.05$，**表示 $p<0.01$。

（二）回归分析

为了进一步考察员工主动服务客户行为对客户支持和客户欺凌的影响，将员工主动服务客户行为作为预测变量，分别以客户支持和客户欺凌作为因变量，建立回归方程后，进行统计分析（结果见表3-3）。在回归分析中控制员工组织任期和职称，结果显示员工主动服务客户行为显著正向预测客户支持（B=0.31，$p<0.001$），调整后的 $R^2=0.22$；员工主动服务客户行为显著负向预测客户欺凌（B=-0.12，$p<0.001$），调整后的 $R^2=0.02$。

表3-3 分层回归分析结果

变量	客户支持 B	客户支持 标准误（SE）	客户欺凌 B	客户欺凌 标准误（SE）
组织任期	-0.003	0.004	0.001	0.01
职称	0.02	0.02	0.02	0.02
员工主动服务客户行为	0.31***	0.03	-0.12***	0.13
R^2	0.23		0.03	
ΔR^2	0.22***		0.02***	

注：***表示 $p<0.001$。

四 讨论

首先，本研究发现我国员工主动服务客户行为与感知到的客户支持正相关，与感知到的客户欺凌负相关。因为员工主动服务客户行为能有效提高客户满意度，进而减少来自客户或者其家属的无礼对待，减少员工与客户的冲突和矛盾（Bedi & Schat，2007；Zhan et al.，2014；Koopmann et al，2015）；同时，员工主动服务客户行为可以更好地满足客户需求，提高客户满意度，促进客户支持。这一结果不仅丰富了员工主动服务客户行为的作用效果，也拓展了客户支持的前因，说明在客户—员工互动过程中员工主动服务客户行为能促进客户支持，为后续互动螺旋的探讨奠定了基础。

其次，尽管过去的研究并未探讨护理人员主动服务客户行为，但本研究发现在护理服务实践中，护理人员的确会表现出主动服务客户行为，这不仅将员工主动服务客户行为从一般服务行业中拓展到医疗行业，拓展了员工主动服务客户行为的内涵和外延，也丰富了我们对员工主动服务客户行为的认识。

更重要的是，护理人员表现出主动服务客户行为能够超过客户预期去满足客户需求，使客户感受到员工的关心和积极付出，对护理人员的服务更加满意，对他们有更多的感谢和夸奖，增加客户支持，同时减少对护理人员的欺凌行为。这说明需要在医疗行业中探讨护理人员主动服务客户行为，其对促进和谐护患关系具有重要的价值和意义，在组织、员工和客户三个层面都体现了其必要性和重要性。

此外，在护理学研究中，通常侧重于将护理人员服务行为作为起点，关注护理人员对患者的影响，分析了护理人员临床操作、言语沟通、护士伦理等对患者满意度、消极情绪和抱怨行为等的影响（Bitner et al.，1990；Maxham & Netemeyer，2002；陈丽环、刘丽娜，2001），认为建立护患关系的关键在于护理人员的服务表现能否满足患者需求。2017年《中国护士群体发展现状调查报告》对我国311个城市的50000余名护理人员的调查发现护患冲突依然频发，41.2%的护士在近一年内遭受到患者或家属的过激行为，51.2%的护士认为心理创伤严重。在当前护患关系紧张的环境下，护理人员主动服务客户行为能有效降低患者欺凌、提高患者支持行为，为建立良好护患关系奠定良好基础。对这一过程的探讨，不仅有助于揭示我国护理人员主动服务客户行为对医疗行业的作用,也进一步说明了护理人员主动服务客户行为对护理人员自身的积极影响。

第二节 研究四:员工主动服务客户行为的影响因素研究

为了更加全面地了解员工主动服务客户行为,本节将从不同层面探讨影响员工主动服务客户行为的因素。通过对前人关于员工主动服务客户行为研究的梳理发现,影响员工主动服务客户行为的因素主要包括个体、团队和组织三个层面的因素,例如,员工主动性人格、自我效能感等个体层面因素,公仆型领导、辱虐管理等团队层面因素,高承诺组织人力资源管理、组织市场导向等组织层面因素(Chen et al.,2017;Lyu et al.,2016;Raub & Liao,2012;董霞、高燕、马建峰,2018)。研究二中发现除了以上三个层面的因素外,组织外部因素,即客户也可能对员工主动服务客户行为产生影响。因此,本研究中将主要探讨个体层面因素(主动性人格和客户取向观点采择能力)、团队层面的因素(公仆型领导和家庭支持型主管行为)和客户行为因素(客户支持和客户感恩)对员工主动服务客户行为的影响。

一 研究目的与研究假设提出

本研究的主要目的是,采用两时间点的领导—成员配对数据,从不同层面探讨影响员工主动服务客户行为的因素。

(一)主动性人格与员工主动服务客户行为

在个体因素中,主动性人格作为影响员工主动行为的因素,也可能会对员工主动服务客户行为产生影响。首先,Thomas、Whitman 和 Viswesvaranal(2010)的元分析结果显示主动性人格对个体主动行为有影响。其次,主动性人格的测量中也包含了个体在不同时间和情境中参与自发性、长远取向和持久性行为的倾向（Parker et al.，2006），这也是员工主动服务客户行为的特点。因此，具有主动性人格的员工更可能主动地去觉察客户需求，主动为客户提供良好服务，表现出主动服务客户行为。虽然前人研究将主动性人格作为控制变量（Hong et al.，2016），但这些研究也为主动性人格对员工主动服务客户行为的影响提供了间接支持。因此，我们提出：

假设1：员工主动性人格正向预测员工主动服务客户行为。

(二) 员工客户取向观点采择能力与员工主动服务客户行为

观点采择是指个体推断他人内部心理活动的能力，即能设身处地地理解他人的思想、愿望和情感等（Parker & Axtell，2001）。观点采择的本质特征在于个体认识上的去自我中心化，即能够从他人的角度看待问题。客户取向的观点采择能力指员工想象自己处在客户的位置并且适应客户角度的认知加工的能力（Axtell et al.，2007）。较高客户取向观点采择能力让他们能更好觉察到客户需求，这对员工主动服务客户行为提供了可能性。Huo等（2014）发现客户取向观点采择能力越高的员工，其主动服务客户行为越多。因此，我们提出：

假设2：员工客户取向观点采择能力正向预测员工主动服务客户行为。

(三) 公仆型领导与员工主动服务客户行为

公仆型领导是指优先考虑下属需求，并以此为手段去领导员工的领导类型（Parris & Peachey，2013）。过去的研究发现公仆型领导对员工积极工作态度（Carter & Baghurst，2014）、OCB（Newman, Schwarz, Cooper, & Sendjaya, 2015；Walumbwa, Hartnell, & Oke, 2010）和工作绩效（Chen, Zhu, & Zhou, 2015；Liden, Panaccio, Meuser, Hu, & Wayne, 2014）都有积极作用。本研究认为公仆型领导对员工主动服务客户行为也有正向影响。首先，公仆型领导会帮助员工掌握服务客户所需的技能和提供高质量服务的能力（Chen et al.，2015），因此，员工更可能具备这样的技能和能力去超越一般服务，表现出主动服务客户行为。例如，公仆型领导能促进员工未来思考取向（Szpunar，2010），以便员工能够提前计划，觉察并满足客户的未来需求，这是主动服务客户行为的一个关键方面。其次，公仆型领导有助于员工更灵活地完成任务并感知到领导的信任（Hunter et al.，2013；Liden et al.，2014），因而员工更可能抓住机会并具有积极的情感状态去表现主动服务客户行为。最后，公仆型领导让员工对工作更加满意和投入（Carter & Baghurst，2014；Chen et al.，2015；Newman et al.，2015），更愿意表现出主动服务客户行为。尽管前人研究没有探讨公仆型领导与员工主动服务客户行为之间的关系，但一些研究发现公仆型领导促进了员工客户服务绩效（Chen et al.，2015）和创造性绩效（Neubert，Kacmar，Carlson，Chonko，& Roberts，2008），这为本研究假设中公仆型领导促进员工主动服务客户行为提供了间接支持。因此，我们提出：

假设3：公仆型领导正向预测员工主动服务客户行为。

（四）家庭支持型主管行为与员工主动服务客户行为

在支持型领导行为中，目前的研究大多数关注的是领导对员工工作领域的支持，近年来，越来越多研究开始关注领导对员工家庭方面的支持，例如，家庭支持型主管行为，指主管所展现出的支持员工履行家庭角色职责的行为，包括情感性支持、工具性支持、角色榜样行为和创新式工作—家庭管理（Hammer，Kossek，Yragui，Bodner，& Hanson，2009）。目前，研究者发现家庭支持型主管行为不仅能降低员工工作—家庭冲突（Hammer，Kossek，Bodner，& Crain，2013），而且对员工工作态度、工作绩效方面也有积极影响（姜海、马红宇、谢菊兰、张淑霞，2015）。本研究认为家庭支持型主管行为对员工主动服务客户行为也有正向影响。首先，对于员工来说，主管的家庭支持行为能激发员工的内部动机（Bakker，Demerouti，& Dollard，2008），从而促进员工主动行为（Hong et al.，2016）。其次，主管家庭支持行为不仅能缓解员工的工作—家庭冲突，帮助员工更好地履行工作和家庭职责，也能促使员工将更多资源投入到工作中（Greenhaus, Ziegert, & Allen, 2012），表现出主动服务客户行为。最后，家庭支持型主管行为让员工感受到组织的支持和重视，提高员工对主管和组织的认同，使员工更加愿意为实现组织目标而付出，更愿意主动为客户提供良好服务，表现出主动服务客户行为。尽管前人研究没有探讨家庭支持型主管行为与员工主动服务客户行为之间的关系，但在研究二的访谈中发现员工的工作—家庭冲突会降低员工主动服务客户行为，而前人研究发现家庭支持型主管行为能缓解员工的工作—家庭冲突（Hammer et al., 2013）。因此，家庭支持型主管行为可能通过降低员工工作—家庭冲突，来提高员工主动服务客户行为，这也为本研究假设提供了间接的支持。基于此，我们提出：

假设4：家庭支持型主管行为正向预测员工主动服务客户行为。

（五）客户支持与员工主动服务客户行为

客户支持是指客户与员工的互动过程中，促进员工积极工作体验的客户行为，主要包括以下五个方面的内容：（1）行为支持：配合员工完成工作，例如，在员工工作繁忙时，帮助员工填写文件，帮助员工完成服务内容；（2）信息支持：为员工工作中的服务提供相关的信息支持，帮助员工简化工作流程；（3）反馈支持：在与员工沟通中，为员工工作提供有效的客户反馈并相信员工能做好；（4）情感支持：对员工工作表现的夸奖和欣赏，例如，对员工说"您做得太好了"；（5）建立连接：对员工表现出喜欢和感谢，例如，对员工说"太感谢您了"。本研究认为客户支持这五个方面的内容能促进员工主动服务客户行为。首先，客户在服务交互中提供的行为支持，能给员工提供更多的资源，帮助员工去应对服务需求（Zimmermann et al., 2011），让员工能有更多的机会、时间和资源去表现出主动服务客户行为。其次，客户的情感支持让员工感受到客户对他们能力的肯定，让员工有信心能为客户提供超越预期的服务，表现出主动服务客户行为。再次，客户提供的信息支持让员工能更好地选择所需的技能或信息来提供高质量的服务，如主动服务客户行为。最后，当客户表现出他们对员工的喜欢时，就展现了客户希望能跟员工建立良好互动关系的意愿，并且让员工感受到工作的价值，从而更可能表现出主动服务客户行为。因此，客户支持使员工有更多的资源、信心和意愿进行主动服务客户行为，我们提出：

假设5：客户支持正向预测员工主动服务客户行为。

(六) 客户感恩与员工主动服务客户行为

客户感恩是指客户对员工工作中的努力表示肯定、感谢或者奖励的行为（Martini & Converso，2014）。由于员工与客户有着频繁互动，客户对员工表达的感恩不仅可以缓解员工的疲劳和倦怠（Converso et al.，2015；Martini & Converso，2014），也可能对员工的行为产生积极影响。第一，客户对员工表示感谢，展现出他们与员工建立积极的互动关系的意愿，让员工感受到来自客户的尊重，感受到工作的价值，认为自己有回报客户的义务（Blau，1964），从而表现出主动服务客户行为。第二，客户表达的感恩能为员工提供情感支持，例如，明确地赞赏和重视员工的努力，减少员工的情绪耗竭（Converso et al.，2015），让员工有更多的精力去展现主动服务客户行为。第三，客户感恩也表现了其对员工良好服务的期待（Martini & Converso，2014），员工可能会感受到这种期待并将其内化到工作角色中，产生提供高质量服务的意愿，例如表现出主动服务客户行为。此外，前人研究表明，客户表达感恩与员工疲劳、倦怠和情绪衰竭负相关（Converso et al.，2015），这些资源损耗状态与员工主动服务客户行为负相关（Wu et al.，2015；Zhu et al.，2017）。因此，客户感恩可能通过降低员工资源损耗，来提高员工主动服务客户行为，这也为本研究假设提供了间接的支持。基于此，我们提出：

假设6：客户感恩正向预测员工主动服务客户行为。

二 研究方法

(一) 研究样本和程序

本研究选取我国10家医院的护理人员和护士长为研究对象，调查开始前，研究者与医院护理部的工作人员进行协商，确定要调查的科室和科室员工的名单，以便进行编号，使科室护士长提供的数据能够与护理人员的数据匹配。为了避免共同方法偏差（common method bias）对研究结果的潜在影响，本研究分别从领导（护士长）和员工（护理人员）两个来源收集样本。分两个阶段收集数据，时间间隔为6个月。在时间1由员工填写主动性人格、客户取向观点采择能力、公仆型领导、家庭支持型主管行为、客户支持和客户感恩问卷，在时间2（6个月后）由领导评价员工主动服务客户行为。

一共邀请125名领导与850名员工参与问卷调查，问卷收回后对空白太多、无法配对的问卷予以剔除，最终获得125份科室护士长问卷和674份员工问卷，员工问卷的有效率为79.29%。员工包括男性32人，女性642人。受教育程度以专科和大学本科及以上（654人，占97.03%）为主，职称以护士、护师和主管护师为主（646人，占95.85%）。员工的平均年龄为30.12岁（SD=6.13），在目前的组织平均工作了8.18年（SD=6.81）。领导的平均年龄为40.26岁（SD=4.63），平均工作年限为20.16年（SD=5.56）。

（二）测量

1. 主动性人格

采用Claes、Beheydt和Lemmens（2005）编制的主动性人格量表，包含6个条目，如"我善于发现机会"。采用员工自我报告的方式，要求员工根据工作中的真实情况进行回答，问卷采用李克特5级评分（1=完全不符合，5=非常符合）。在本研究中，该量表的Cronbach's α系数为0.85。

2. 客户取向观点采择能力

采用Axtell等（2007）编制的观点采择量表，为了适合医疗行业情境，将量表中的"客户"改成"患者"，包含4个条目，如"我会尝试从患者的角度看待问题"。采用员工自我报告的方式，要求员工根据工作中的真实情况进行回答，问卷采用李克特5级评分（1=完全不符合，5=非常符合）。在本研究中，该量表的Cronbach's α 系数为 0.90。

3. 公仆型领导

采用 Liden 等（2014）编制的公仆型领导量表，包含 7 个条目，如"我的领导会优先考虑他人的发展"。采用员工自我报告的方式，要求员工根据工作中的真实情况进行回答，问卷采用李克特 5 级评分（1=完全不符合，5=非常符合）。在本研究中，该量表的 Cronbach's α 系数为 0.92。

4. 家庭支持型主管行为

采用 Hammer 等（2013）编制的家庭支持型主管行为的简版量表，包含 4 个条目，如"我的主管让我觉得和他/她谈论工作和生活之间的冲突是无须顾虑的"。采用员工自我报告的方式，要求员工根据工作中的真实情况进行回答，问卷采用李克特 5 级评分（1=完全不符合，5=非常符合）。在本研究中，该量表的 Cronbach's α 系数为 0.89。

5. 客户支持

采用 Zimmermann 等（2011）编制的客户支持量表。为了适合医疗行业情境，将量表中"客户"改成"患者"，共有 5 个条目，如"患者愿意配合我的工作"。采用员工自我报告的方式，要求员工根据工作中的真实情况进行回答，问卷采用李克特 5 级评分（1=非常不同意，5=非常同意）。在本研究中，该量表的 Cronbach's α 系数为 0.86。

6. 客户感恩

采用 Martini 和 Converso（2014）编制的客户表达感恩量表，为了适合医疗行业情境，将量表中"客户"改成"患者"，共有 4 个条目，如"患者对我的照顾表示感谢"。采用员工自我报告的方式，要求员工根据工作中的真实情况进行回答，问卷采用李克特 5 级评分（1=非常不同意，5=非常同意）。在本研究中，该量表的 Cronbach's α 系数为 0.89。

7. 员工主动服务客户行为

由领导评价员工主动服务客户行为，采用研究一中开发的护理人员主动服务客户行为量表进行测量,共 6 个条目,如"他能主动觉察和发现患者关注的问题,并及时帮助客户解决"。问卷采用李克特 7 级评分 (1 = 非常不同意,7 = 非常同意)。在本研究中,该量表的 Cronbach's α 系数为 0.90。

(三) 控制变量

控制变量包括员工受教育程度、组织任期和职称。

三 研究结果

(一) 描述性统计分析

表 3 - 4 呈现了各变量的均值及各变量之间的相关关系。结果显示主动性人格 ($r = 0.48$,$p < 0.001$)、客户取向观点采择能力 ($r = 0.52$,$p < 0.001$)、公仆型领导 ($r = 0.43$,$p < 0.001$)、家庭支持型主管行为 ($r = 0.38$,$p < 0.001$)、客户支持 ($r = 0.47$,$p < 0.001$) 和客户感恩 ($r = 0.47$,$p < 0.001$) 都与员工主动服务客户行为显著正相关。

(二) 回归分析

为了进一步考察影响员工主动服务客户行为的因素,将各变量分别纳入回归方程,表 3 - 5 的结果显示,在第一层中纳入的个体层面变量中主动性人格 ($B = 0.41$,$p < 0.001$) 和客户取向观点采择能力 ($B = 0.51$,$p < 0.001$) 正向预测员工主动服务客户行为,假设 1 和假设 2 都得到了验证。在第二层中同时纳入个体层面变量和团队层面变量,结果显示公仆型领导 ($B = 0.27$,$p < 0.001$) 显著正向预测员工主动服务客户行为,假设 3 得到验证。但是家庭支持型主管行为对员工主动服务客户行为的预测作用不显著 ($B = -0.08$,$p = 0.27$),假设 4 没有得到支持。在第三层中,同时纳入个体层面变量、团队层面变量和客户层面变量,结果显示客户支持 ($B = 0.17$,$p < 0.05$) 和客户感恩 ($B = 0.12$,$p < 0.05$) 正向预测员工主动服务客户行为,假设 5 和假设 6 都得到了验证。

表 3-4 研究变量的平均值、标准差与相关矩阵

变量	平均值	标准差	受教育程度	组织任期	职称	主动性人格	客户取向观点采择能力	公仆型领导	家庭支持型主管行为	客户支持	客户感恩	员工主动服务客户行为
受教育程度	—	—	—									
组织任期	8.18	6.81	-0.13**	—								
职称	—	—	-0.04	0.78***	—							
主动性人格	3.72	0.59	-0.05	0.02	-0.03	—						
客户取向观点采择能力	4.09	0.59	-0.11**	0.03	-0.04	0.50***	—					
公仆型领导	3.83	0.75	-0.10**	-0.03	-0.11**	0.43***	0.44***	—				
家庭支持型主管行为	3.86	0.75	-0.10**	-0.03	-0.12**	0.43***	0.41***	0.86***	—			
客户支持	3.92	0.64	-0.10**	0.01	-0.04	0.51***	0.40***	0.42***	0.39***	—		
客户感恩	3.91	0.71	-0.07	0.05	-0.01	0.48***	0.41***	0.43***	0.37***	0.80***	—	
员工主动服务客户行为	5.81	0.84	-0.04	0.10**	0.002	0.48***	0.52***	0.43***	0.38***	0.47***	0.47***	—

注：** 表示 $p<0.01$，*** 表示 $p<0.001$。

表 3-5　　　　　　　　　　　分层回归分析结果

变量	员工主动服务客户行为			
	ΔR^2	F	B	t
第一层：个体层面	0.34	70.33***		
主动性人格			0.41***	8.08***
客户取向观点采择能力			0.51***	9.95***
第二层：团队层面	0.37	56.31***		
公仆型领导			0.27***	3.92***
家庭支持型主管行为			-0.08	-1.10
第三层：客户层面	0.40	50.08***		
客户支持			0.17*	2.53*
客户感恩			0.12*	2.04*

注：* 表示 $p<0.05$，*** 表示 $p<0.001$。

四　讨论

本研究探讨了个体层面、团队层面和客户层面因素对员工主动服务客户行为的影响。与前人研究一致，本研究发现主动性人格和客户取向观点采择能力显著正向预测员工主动服务客户行为（Hong et al.，2016；Huo et al.，2014）。因为具有客户取向观点采择能力的个体能更好地感知到客户各方面的需求，具有主动性人格的员工更可能主动去觉察客户需求，主动为客户提供良好服务，表现出主动服务客户行为。在团队层面，公仆型领导使员工具备主动服务客户行为所需的技能，并且更有信心和积极情绪去表现出主动服务客户行为。而与假设不同，家庭支持型主管行为不能显著预测员工主动服务客户行为，这可能是因为家庭支持型主管行为给员工提供了较多的家庭资源支持，这些资源可能对于那些具有高工作—家庭冲突的员工有更大的作用，而当员工工作—家庭冲突较低时，家庭支持型主管行为对员工主动服务客户行为的促进作用可能不显著。因此，家庭支持型主管行为对员工主动服务客户行为的作用可能受到员工工作—家庭冲突的调节作用，未来研究需要对这一过程进行探讨。除了个体层面和团队层面因素外，组织外部因素中客户行为，包括客户支持和客户感恩都对员工主动服务客户行为有积极影响，这也为后续的客户—员工互动螺旋研究奠定了基础。本研究的内容不仅从个体层面和团队层面探讨了员工主动服务客户行为的影响因素，也从组织外部因素方面拓展了员工主动服务客户行为的前因，说明除了个体因素和组织内部因素外，组织外部因素中客户行为也会对员工主动服务客户行为产生积极影响。

第三节　本章小结

本章旨在了解我国员工主动服务客户行为的现状，本章内容发现在护理服务实践中关注员工主动服务客户行为具有重要的价值和意义。研究三的结果表明员工主动服务客户行为能有效降低客户欺凌，提高客户支持，不仅拓展了客户支持的前因，也丰富了员工主动服务客户行为的作用效果。同样的，研究四的结果发现除了个体因素（主动性人格和客户取向观点采择能力）和组织内部因素（公仆型领导）外，在客户—员工互动过程中，客户积极行为在提高员工主动服务客户行为中具有重要的作用，客户支持和客户感恩都能正向预测员工主动服务客户行为。研究三和研究四的结果也再次验证了研究二中访谈的结果，对于护理人员来说，其主动服务客户行为不仅能促进患者支持，也能降低患者欺凌，同时，患者支持和患者感恩对护理人员主动服务客户行为也有促进作用，说明护理人员主动服务客户行为在建立和谐护患关系中发挥的重要作用。

综上，本章中包含两个研究，研究三通过对 540 名员工的横断面数据探讨了员工主动服务客户行为对客户支持和客户欺凌的影响；研究四通过对 674 名员工和 125 名领导的配对数据从个体层面、团队层面和客户（患者）层面探讨了影响员工主动服务客户行为的因素。主要得出如下结论：

（1）员工主动服务客户行为对客户支持有正向预测作用；

（2）员工主动服务客户行为对客户欺凌有负向预测作用；

（3）主动性人格对员工主动服务客户行为有正向预测作用；

（4）客户取向观点采择能力对员工主动服务客户行为有正向预测作用；

（5）公仆型领导对员工主动服务客户行为有正向预测作用；

（6）客户感恩对员工主动服务客户行为有正向预测作用；

（7）客户支持对员工主动服务客户行为有正向预测作用。

第 四 章

客户支持对员工主动服务客户行为的影响机制

随着服务型企业的发展,如何提高员工主动服务客户行为,以满足客户需求、提高客户满意度已经成为企业亟待解决的问题(Chen et al., 2017; Raub & Liao, 2012)。前人研究已经从不同角度对员工主动服务客户行为的前因机制进行了探讨,个体层面包括个体特质(例如,个体主动性人格;Rank et al., 2007)和能力(例如,自我效能感和观点采择能力;Huo et al., 2014; Raub & Liao, 2012);情境因素包括任务特点(例如,工作自主性;Rank et al., 2007),工作情境(例如,性骚扰和工作场所八卦;Li et al., 2016; Tian, Song, Kwan, & Li, 2018),领导风格(例如,变革型领导;Jauhari et al., 2017)和组织氛围(例如,伦理氛围;Lau et al., 2017)。

然而,目前研究忽略了服务型企业中客户参与的特点,没有关注客户行为如何影响员工主动服务客户行为。尤其是当下随着客户越来越多地参与到服务过程中,相比于同事和领导,客户与员工之间有着更频繁的互动,客户已经成为影响员工行为最接近的信息来源(Dong et al., 2015)。虽然目前研究更多地将客户看作员工的对立面,探讨了客户不公平行为、无礼行为、客户欺凌等对员工情绪、健康和行为等方面的消极影响(Wang, Liu, Liao, Gong, Kammeyermueller, & Shi, 2013; Zhou, Yan, Che, & Meier, 2015; Baranik et al., 2017), 但是研究者也逐渐认识到在服务过程中, 客户也可能成为员工服务过程的合作者, 而不是阻碍者, 对员工产生积极影响 (Auh et al., 2007), 探讨了客户授权、客户支持和客户感恩等积极行为对员工情绪和创新服务行为的积极影响 (Dong et al., 2015; Zimmermann et al., 2011; Converso et al., 2015; Martini & Converso, 2014)。最近, Cai 等 (2019) 也建议在员工主动行为的研究中考察客户行为的作用。

虽然研究二的质性研究发现客户支持能促进员工主动服务客户行为, 研究四的结果也支持了这一发现, 但目前的实证研究还未对其作用机制进行探讨。因此, 本章将在研究五和研究六中分别通过日志法和多时间点跨层数据考察客户支持对员工主动服务客户行为的影响及其机制, 以期在客户—员工积极互动视角下更好地理解客户行为如何影响员工行为, 并对管理实践提供依据。

第一节　研究五：基于个体内水平的分析：一项日志法研究

一　研究目的与研究假设

本研究的主要目的是, 采用日志研究的方法, 从个体内水平 (日常水平) 探讨客户支持对员工主动服务客户行为的影响机制, 考察社会分享和主动动机状态的序列中介作用。

日志法是以 "自然天" 为周期来收集被试当天的主要经验作为数据, 例如现象、行为、事件、心境状态等。日志法的优点在于：(1) 了解个体特定现象、行为和心境的动态变化, 并敏锐地考察其日常影响因素 (李文静、郑全全, 2008); (2) 在实际环境中收集个体体验数据, 提高研究的生态效度 (Iida, Shrout, Laurenceau, & Bolger, 2012); (3) 被试每天填写数据可以有效降低回忆偏差。Wang

等（2013）也呼吁未来研究采用经验抽样法或日志法探讨日常水平的客户行为对员工的影响及其机制。

现有研究已经采用日志法探讨了客户欺凌对员工情绪的影响，发现日常水平的客户欺凌会增加员工工作结束时的消极情绪（Wang et al.，2013）。虽然此研究是探讨客户消极行为对员工的消极影响，但在客户与员工互动过程中，客户支持也可能在每天的日常互动中对员工主动服务客户行为产生影响。

（一）客户支持对员工主动服务客户行为的影响

客户支持是指客户与员工的互动过程中，促进员工积极工作体验的客户行为，主要包括：行为支持、信息支持、反馈支持、情感支持和建立连接。研究三的假设5中已经论述了客户支持这五个方面的内容使员工有更多的资源、信心和意愿去进行主动服务客户行为。

虽然目前的研究并未直接探讨客户支持对员工主动服务客户行为的影响，但相关研究发现客户积极行为能对员工行为产生积极影响。例如，Converso等（2015）的研究发现患者对医生和护士的感恩，有助于增加医护人员的积极情绪，减少医护人员的工作倦怠。在服务交互过程中，客户积极行为让员工将客户视为共同生产者，使双方对服务交互过程更加满意。此外，Dong等（2015）的研究发现在服务型企业中，客户授权能激发员工的促进定向，进而增加员工的创新服务，提升客户满意度。这些研究为客户支持对员工主动服务客户行为的影响提供了间接的实证证据。因此，在客户—员工的频繁互动过程中，客户支持可能会促使员工主动提高服务绩效，例如表现出主动服务客户行为。基于上述分析提出：

假设1：客户支持正向影响员工主动服务客户行为。

（二）社会分享的中介作用

作为一种普遍存在的社会现象，人们往往会倾向于和他人谈论某一事件的经过以及这件事情带给自己的感受，Rimé（2009）将这一过程定义为情绪的社会分享。研究发现，这种分享倾向是一种普遍存在的现象，人们超过 80% 的情绪体验被分享，大多数情况下，个体会进行重复分享，同一情绪事件向不同的人进行多次分享，这一过程不受文化、性别以及事件的情绪效价（积极事件或消极事件）的影响（Rimé，2009）。在工作场所，客户支持是客户表现出的促使员工提高工作积极性的行为，例如客户对员工的夸奖，这对一线服务员工来说，是员工工作过程中发生的积极事件，员工可能倾向于将这一事件与他人分享。Gable、Reis、Impett 和 Asher（2004）的研究发现，在遇到积极事件时，人们更愿意将其与他人分享。Duprez、Christophe、Rimé、Congard 和 Antoine（2015）认为人们进行社会分享的动机主要包括以下 7 种，分别为：复述、宣泄、帮助/支持/安慰、澄清/意义、获得意见/解决办法、引起共鸣/获得注意、告知/警告。员工在对客户支持进行社会分享的过程中，可能会促进员工获得支持、意义和共鸣，使员工更愿意将其与他人分享，表现出对客户支持的社会分享。基于此提出：

假设 2：客户支持正向影响员工对该行为的社会分享。

在工作过程中，员工将来自客户支持与他人进行分享能让员工再次体会成功的积极事件的发生过程，感受到来自客户的积极行为。结合假设 1 的内容，员工在社会分享过程中再次重温客户支持，员工也会更愿意关注客户需求，有更强的意愿和信心主动为客户提供良好服务，更多地表现出主动服务客户行为。基于此提出：

假设 3：社会分享正向影响员工主动服务客户行为。

结合假设 2 和假设 3 的内容，客户支持可能通过促进员工的社会分享，进一步提高员工主动服务客户行为。基于此提出：

假设 4：社会分享在客户支持与员工主动服务客户行为之间起中介作用。

（三）主动动机状态的中介作用

主动动机模型（Parker et al.，2010）认为组织情境因素可以通过三条主动动机状态路径影响个体的主动行为，包括能力动机状态（"can do" motivation）、意愿动机状态（"reason to" motivation）和能量动机状态（"energized to" motivation）。本研究将重点关注主动动机状态中自我效能感、工作意义感和积极情绪的作用。

1. 客户支持对员工自我效能感的作用

在能力路径的动机状态中，主要关注个体自我效能感的作用，指个体对自己是否有能力完成任务的判断（Bandura，1986）。根据期望理论，如果个体认为自己能够成功并且可以获得期望结果，则会展现某种行为。高自我效能感的员工确信自己有能力承担更广泛的任务，进而主动承担并展现主动行为（Parker et al.，2006）。目前很多实证研究都证明了自我效能感与员工主动行为之间的正向关系（Sonnentag & Spychala，2012；Hartog & Belschak，2012）。

Bandura（1986）总结出以下四类经验能提升个体的自我效能感：个体亲历的成功经验、通过与他人比较而获得的替代性经验、他人言语说服、生理和情绪状态。社会认知理论认为，个体通过各种不同信息源获得关于自身能力的信息，从而形成自我效能感。对于员工来说，在工作过程中，其成功经验可能来自其同事，也可能来自客户。首先，客户支持中的反馈显示了客户对员工能力的信任。例如，当员工为满足客户需求提供新的服务内容时，客户可以为员工提供相应的反馈并展现对员工的信任，因此，客户可以让员工相信他们具备为客户提供良好服务的能力，员工可能会更加自信，有更高的自我效能感。其次，客户提供的行为和信息支持不仅为员工提供了简化工作的支持，也能帮助员工更好地完成工作，增加员工的掌控感和自我效能感。最后，客户的情感支持和对员工的喜欢能激发员工的积极情感，提高员工自我效能感。因此，本研究假设客户支持对员工自我效能感有正向预测作用（假设5a）。

2. 客户支持对员工工作意义感的作用

当个体认为自己有能力去进行主动服务客户行为时，他们还需要有一个令自己信服的理由，即意愿路径（Parker et al.，2010）。

影响个体行为意愿的一个重要因素是该行为能否体现个体的自我价值或意义。工作意义感是员工对工作价值感和使命感的认知，是员工对工作价值的一种主观体验（Steger et al.，2012；宋萌，王震，孙健敏，2015）。工作意义感使得员工的内在动机变强、外在动机变弱（Lips-Wiersma & Wrigh，2012），提高员工的工作投入（May et al.，2011）。例如，Bunderson 和 Thompson（2009）发现，持有互惠取向的动物管理员工作意义感较强，工作满意度较高，并且会产生更深的组织认同感和归属感。研究还发现，很多动物管理员将自身工作看作"天职"，在这种认知下，他们的工作动机很强，并情愿做出自我牺牲，例如放弃闲暇时间、金钱和福利。因此，工作意义感是形成个体内在工作动机的重要因素（Hackman & Oldham，1976；Yeoman，Robertson，Beattie，Backer，& Smith，2014），本研究在意愿动机状态路径中将考察工作意义感的作用。

具有较高的工作意义感的员工认为工作是中心，而且非常重要，能更好地感受到工作的价值（Brief & Nord，1990），从而愿意坚持解决问题并从事长远取向的活动（Rosso et al.，2010）。客户支持能促进员工工作意义感的原因主要有以下两点：首先，Wrzesniewski 等（2003）发现，通过注意、识别并判断其他同事传递的有关其工作能力、工作表现等方面的信息，个体会重构工作本身、工作角色及工作中自我认知的意义。对于一线服务人员来说，除了同事和领导的影响，客户支持是其对员工工作能力和表现的直接肯定，员工在这个过程中可以通过构建良好的客户—员工关系来构建工作意义感（Wrzesniewski et al.，2003）。其次，当客户对员工的能力和努力展现出信任时，员工能更好地感受到客户的尊重、工作的重要性和价值感（Zimmermann et al.，2011），从而提高员工的工作意义感（Brief & Nord，1990）。因此，本研究假设客户支持对员工工作意义感有正向预测作用（假设5b）。

3. 客户支持对员工积极情绪的作用

除了能力路径和意愿路径的动机状态，个体积极情绪的能量路径也能影响个体的主动服务客户行为（Parker et al.，2010）。客户支持可以通过提供行为和信息支持来帮助员工完成工作，从而提高员工的积极情绪（Zimmermann et al.，2011）。例如，当客户提供详细的信息帮助服务员工完成工作时，员工会认为互动是积极的，并体验到积极情绪。此外，客户的情感支持和建立连接使员工感觉到被重视和尊重，从而提高员工的积极情绪（Zimmermann et al.，2011）。最后，客户反馈表达了客户对员工能力的信任，能促进员工的积极情绪。基于上述讨论，我们提出以下假设：客户支持对员工积极情绪有正向预测作用（假设5c）。

综上提出：

假设5：客户支持正向预测员工的自我效能感（假设5a）、工作意义感（假设5b）和积极情绪（假设5c）。

根据 Parker 等（2010）提出的主动动机模型，当个体认为自己有能力、有意愿且（或）有能量资源进行主动服务客户行为时，个体更可能产生主动服务客户行为。因此，本研究假设员工主动动机状态对员工主动服务客户行为有正向预测作用。第一，当员工有高水平的自我效能感时，他们往往更可能追求成功并主动完成复杂任务。例如，前人研究发现自我效能感能正向影响员工主动行为，例如员工主动服务客户行为（Raub & Liao，2012）。第二，当员工具有更高的工作意义感时，他们更倾向于通过从任务中产生积极的目标来扩展工作价值，促使员工更多地表现出主动服务客户行为。例如，Bande、Fernández-Ferrín、Varela-Neira 和 Otero-Neira（2016）的研究发现内部动机对主动行为有显著影响。由于内部动机与工作意义感在概念上重叠（Hackman & Oldham，1976），内在动机的研究结果为工作意义感对员工主动服务客户行为的影响提供了间接的经验证据。第三，具有积极情绪的个体倾向于注意到事件的高期望和/或效用，并采取主动行为（Parker et al.，2010；Seo，Barrett，& Bartunek，2004）。前人研究发现积极情绪与员工主动服务客户行为呈正相关（Chen et al.，2017）。因此，我们提出：

假设6：员工的自我效能感（假设6a）、工作意义感（假设6b）和积极情绪（假设6c）正向预测员工主动服务客户行为。

基于Parker等（2010）的主动动机模型，组织情境变量可以通过三种主动动机状态来影响员工主动行为。前人关于员工主动服务客户行为的研究也支持了这一模型，例如，Chen等（2017）发现高情感承诺人力资源管理通过三种主动动机状态（工作相关的自我效能感、感知到的组织支持和工作激情）的作用促进员工主动服务客户行为。因此，本研究将进一步拓展前人研究，将客户支持作为远端情境变量，认为客户支持将通过三条主动动机路径影响员工主动服务客户行为。结合以上研究假设提出：

假设7：员工主动动机状态［自我效能感（假设7a）、工作意义感（假设7b）和积极情绪（假设7c）］在客户支持与员工主动服务客户行为之间起中介作用。

（四）社会分享和主动动机状态的序列中介作用

个体在目标实现过程中的成功体验会引起个体对任务实现的目标和动机的自我调节（Higgins，2000）。社会分享作为增加个体成功体验的一种方式，会促进个体对目标追求的坚持，提高主动动机状态，促进员工主动服务客户行为。

1. 社会分享与自我效能感

与他人分享积极事件需要复述事件，这为个体创造了重温和再体验事件的机会。此外，交流行为可能涉及排练和推敲，这两者都可能通过增加记忆的显著性和可及性来增加体验。因此，与他人交流的积极事件让个体能更好地记住积极事件的发生，促进个体对成功事件的体验（Gable, Gonzaga, & Strachman, 2006）。在这个过程中，员工将客户支持与他人进行分享，让员工再次体会成功，对自己的能力更有信心，从而提高个体的自我效能感。基于此，提出本研究假设8a：

假设8a：社会分享正向影响员工自我效能感。

2. 社会分享与工作意义感

对于一线服务人员来说，客户支持是对员工工作能力和表现的直接肯定，员工对这一行为的社会分享可以让别人察觉到客户对他们很满意，通过这一过程提高自尊（Beach & Tesser, 1995; Tesser, Millar, & Moore, 1988）、促进积极反馈的自我评价（Leary & Baumeister, 2000; Shrauger & Schoeneman, 1979），让员工体会到工作的价值和意义。基于此提出：

假设8b：社会分享正向影响员工工作意义感。

3. 社会分享与积极情绪

对积极事件的分享会给个体带来更多的积极体验，这种积极情绪的提升超越了积极事件本身带来的积极情绪，研究者将这一过程称为"获益"（capitalization）（Hicks & Diamond, 2008）。客户支持不仅能让员工在工作中感受到来自客户的尊重和自我价值，也能促进客户与员工之间的积极人际关系，从而促进积极的情绪循环（Fredrickson & Joiner, 2002; Zimmermann et al., 2010）。很多研究都发现对积极事件的社会分享能提高个体的积极情绪（Graf, Ramsey, Patrick, & Gentzler, 2016; Kleiman, Kashdan, Monfort, Machell, & Goodman, 2014）。基于此提出：

假设8c：社会分享正向影响员工积极情绪。

结合假设3和假设6，客户支持也可能通过影响员工的社会分享和主动动机状态间接影响员工主动服务客户行为。基于此提出：

假设9：客户支持通过社会分享和员工主动动机状态（自我效能感（假设9a）、工作意义感（假设9b）、积极情绪（假设9c））的序列中介作用对员工主动服务客户行为产生影响。

研究模型示意见图4-1。

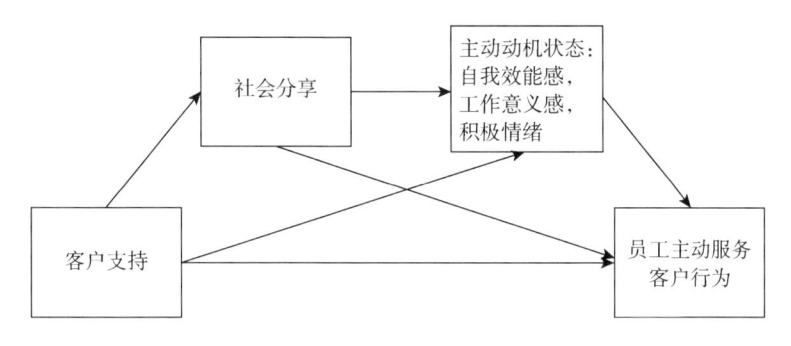

图 4-1 研究模型示意

二 研究方法

(一) 研究样本与程序

本研究的样本为湖北、山东、河南和甘肃四个地区的护士群体。数据收集的过程包括三个阶段：第一阶段：被试招募。通过合作的方式，与医院的一些护士长和护理人员取得联系和合作意向，并通过这些护士在微信群相互介绍和推荐，选取 210 名护理人员作为被试，向他们介绍本研究的目的、价值和保密承诺，并承诺在每一天完成问卷后给予一定的金钱奖励，在完成整个研究后给每个被试提供相应的反馈报告。取得被试同意后，进一步向其介绍本研究的具体过程，被试需要首先填写基本信息问卷，然后在连续 10 个工作日内填写每日问卷，记录被试的行为和心理状况。第二阶段：基本信息收集。通过问卷星编辑被试人口学统计信息问卷（包括员工的年龄、职称和受教育程度），通过微信将问卷链接推送给每个被试。对基本信息问卷进行编码，并约定正式开始日志研究的时间（连续 10 个工作日）。第三阶段：日志调查。研究人员每天下午将日志法问卷调查链接通过微信推送给被试，并自动记录被试具体的填答时间。每日问卷包括客户支持、社会分享、自我效能感、工作意义感、积极情绪和员工主动服务客户行为。同时，为了避免被试因为种种原因忘记填答问卷，研究者将在被试下班后的半小时再次给被试发送提醒,并感谢被试对本研究的支持。

一共有180名护理人员填答了基本信息问卷,通过10个工作日的填写,共获得1364条每日信息问卷。问卷回收后,对没有填写日志法问卷的6名员工和只填写1天日志法问卷的16名员工予以剔除,最终获得158份基本信息问卷,有效回收率为75.24%。对只填写1天日志法的16份问卷和休息日填写的73份问卷予以剔除,最终获得1275份日志法问卷,有效回收率为60.71%。被试的平均年龄为29.06±5.47岁,平均任期为6.96±5.97年;男性5人,女性153人;45人为护士,84人为护师,21人为主管护师,7人为副主任护师,1人为主任护师;84人已婚,28人恋爱,45人单身,1人离异;中专学历2人,大专21人,本科130人,硕士及以上5人。

(二) 测量

1. 客户支持

采用Zimmermann等(2011)编制的客户支持量表,为了适应医疗行业情境,将量表中"客户"改成"患者",并在每个条目中加上"在今天的工作中"共有5个条目,如"在今天的工作中,患者愿意配我的工作"。采用员工自我报告的方式,量表采用李克特5级评分(1=非常不同意,5=非常同意)。在本研究中,该量表10天测量的Cronbach's α系数平均值为0.90,从0.86到0.92。

2. 社会分享

采用Gable等(2004)编制的社会分享量表,包括4个条目,在每个条目中加上"今天",例如,"今天,您与他人分享的频率?"该量表采用李克特5级评分,从1(从不)到5(非常频繁)。Baranik等(2017)也改编此量表用来测量员工一段时间的社会分享。在本研究中,该量表10天测量的Cronbach's α系数平均值为0.88,从0.83到0.90。

3. 自我效能感

采用Spreitzer(1995)编制的授权量表中的2个条目来测量员工

自我效能感，在每个条目中加上"今天"，例如"今天，我对自己完成工作的能力非常有信心"。采用员工自我报告的方式，量表采用李克特 5 级评分（1 = 非常不符合，5 = 非常符合）。Schmitt、Belschak 和 Hartog（2017）也在日志法研究中采用此量表测量员工自我效能感，量表具有良好的信度。在本研究中，该量表 10 天测量的 Cronbach's α 系数平均值为 0.92，从 0.88 到 0.96。

4. 工作意义感

采用 Spreitzer（1995）编制的授权量表中的 3 个条目来测量员工工作意义感，在每个条目中加上"今天"，如"我今天所做的工作对我来说非常有意义"。采用员工自我报告的方式，量表采用李克特 5 级评分（1 = 非常不同意，5 = 非常同意）。Lam、Wan 和 Roussin（2016）也在日志法研究中采用此量表测量员工工作意义感，量表具有良好的信度。在本研究中，该量表 10 天测量的 Cronbach's α 系数平均值为 0.93，从 0.87 到 0.95。

5. 积极情绪

采用积极情感—消极情感量表（Watson, Clark, & Tellegen, 1988）中的积极情感量表（Fisher, Minbashian, Beckmann, & Wood, 2013），共 10 个条目，在每个条目中加上"今天"，例如，"在今天的工作中，我感到开心"。采用员工自我报告的方式，量表采用李克特 5 级评分（1 = 非常不同意，5 = 非常同意）。在本研究中，该量表 10 天测量的 Cronbach's α 系数平均值为 0.89，从 0.83 到 0.92。

6. 员工主动服务客户行为

采用研究一中开发的护理人员主动服务客户行为量表，共 6 个条目，在每个条目中加上"今天"，例如，"今天，我主动觉察和发现了患者关注的问题，并及时帮助患者解决"。采用员工自我报告的方式，采用量表采用李克特 7 级评分，从 1（非常不同意）到 7（非常同意）。在本研究中，该量表 10 天测量的 Cronbach's α 系数平均值为 0.94，从 0.89 到 0.96。

三 研究结果

(一) 构念区分效度的验证性因子分析

采用多层次验证性因子分析考察客户支持、社会分享、自我效能感、工作意义感、积极情绪和主动服务客户行为的区分效度,以确定这六个构念确实是不同的变量,为后续的统计分析做准备。结果如表4-1所示,与其他六个模型相比,六因子模型对数据的拟合效果最好($\chi^2 = 1599.26$,$df = 430$,$\chi^2/df = 3.72$,CFI = 0.92,TLI = 0.90,RMSEA = 0.05),说明本研究中的六个构念具有良好的区分效度。

表4-1　　　　　　　　　　验证性因子分析结果

模型	χ^2	df	χ^2/df	CFI	TLI	RMSEA
六因子模型	1599.26	430	3.72	0.92	0.90	0.05
五因子模型	1829.50	440	4.16	0.90	0.88	0.05
四因子模型	3217.19	448	7.18	0.79	0.77	0.07
三因子模型1	4506.64	454	9.93	0.70	0.66	0.08
三因子模型2	4918.66	454	10.83	0.67	0.63	0.09
二因子模型	8250.45	458	18.01	0.42	0.36	0.12
单因子模型	7454.88	460	16.21	0.48	0.43	0.13

注:五因子模型:客户支持+社会分享;四因子模型:自我效能感+工作意义感+积极情绪;三因子模型1:客户支持+自我效能感+工作意义感+积极情绪;三因子模型2:社会分享+自我效能感+工作意义感+积极情绪;二因子模型:客户支持+社会分享+自我效能感+工作意义感+积极情绪;单因子模型:客户支持+社会分享+自我效能感+工作意义感+积极情绪+主动服务客户行为。"+"表示变量合并为一个因子。

CFI = 相对拟合指数 (comparative fit index);TLI = Tucker-Lewis 指数 (Tucker-Lewis index);RMSEA = 近似均方根误差 (root mean square error of approximation)。

(二) 描述性统计分析

对个体间水平的158名员工数据和个体内水平的1275条数据进行分析。在对假设进行检验之前,我们采用构建零模型 (null model) 的方法对六个个体内水平的变量的组内相关系数 (ICC) 进行了分析,结果见表4-2。以往研究表明,当 ICC 大于 0.1 时,有必要采用多水平分析的方法 (Muthén, 1997)。描述性统计分析结果见表4-3。

表 4-2　　　　　　　　　个体内水平的变量的组内相关系数

	客户支持	自我效能感	工作意义感	积极情绪	社会分享	员工主动服务客户行为
ICC	0.55	0.40	0.53	0.42	0.62	0.61
个体内变异	0.18	0.34	0.34	0.42	0.26	0.53
个体间变异	0.23	0.23	0.38	0.31	0.42	0.81

（三）假设检验

采用 Mplus 7.1 软件进行分析（Muthén & Muthén, 1998）。在日志法中数据结构为个体内水平嵌套在个体间水平的多水平数据。本研究中的数据包括两个水平，第一水平是个体内（日常）水平的数据（n=1275），第二水平的数据是个体间水平的数据（n=158）。按照 Enders 和 Tofighi（2007）的建议，在分析中将个体内水平的客户支持进行组均值（group-mean）中心化处理。路径分析结果见图 4-2，结果显示客户支持显著正向预测员工主动服务客户行为（$\gamma=0.89$，$SE=0.08$，$p<0.001$），假设 1 得到了支持；客户支持显著正向预测员工社会分享（$\gamma=0.22$，$SE=0.05$，$p<0.001$），假设 2 得到了支持；社会分享显著正向预测员工主动服务客户行为（$\gamma=0.13$，$SE=0.04$，$p<0.01$），假设 3 得到了支持；客户支持显著正向预测员工自我效能感（$\gamma=0.45$，$SE=0.05$，$p<0.001$），工作意义感（$\gamma=0.39$，$SE=0.06$，$p<0.001$）和积极情绪（$\gamma=0.37$，$SE=0.07$，$p<0.001$），假设 5a, 5b 和 5c 都得到了支持；员工自我效能感（$\gamma=0.13$，$SE=0.05$，$p<0.05$），工作意义感（$\gamma=0.23$，$SE=0.05$，$p<0.001$）和积极情绪（$\gamma=0.12$，$SE=0.04$，$p<0.01$）对员工主动服务客户行为正向预测作用显著，因此，假设 6a, 6b 和 6c 都得到了支持；员工社会分享显著正向预测员工自我效能感（$\gamma=0.17$，$SE=0.05$，$p<0.01$），工作意义感（$\gamma=0.18$，$SE=0.06$，$p<0.01$）和积极情绪（$\gamma=0.17$，$SE=0.05$，$p<0.001$），假设 8a、8b 和 8c 都得到了支持；

表 4-3　描述性统计分析结果

变量	平均值	标准差	年龄	职称	受教育程度	客户支持	自我效能感	工作意义感	积极情绪	社会分享	员工主动服务客户行为
个体间变量[a]											
年龄	29.06	5.47									
职称	1.94	0.86	0.83**								
受教育程度	2.74	0.73	0.18**	0.33**	—						
个体内变量[b]											
客户支持	3.77	0.68	0.04	0.04	0.04	—					
自我效能感	3.86	0.79	−0.05	−0.03	0.02	0.19***	—				
工作意义感	3.61	0.85	0.04	0.01	−0.03	0.24***	0.24***	—			
积极情绪	3.61	0.89	0.003	0.03	−0.004	0.20***	0.20***	0.27***	—		
社会分享	3.19	0.85	−0.04	−0.03	0.03	0.11***	0.10**	0.16***	0.13**	—	
员工主动服务客户行为	5.05	1.15	0.07*	0.07*	0.06*	0.34***	0.28***	0.41***	0.29***	0.20***	

注：a：n个体间 = 158；b：n个体内 = 1275。下同。
* 表示 p < 0.05，** 表示 p < 0.01，*** 表示 p < 0.001。
表格下半部分为个体内水平的相关；表格上半部分为个体间水平的相关。

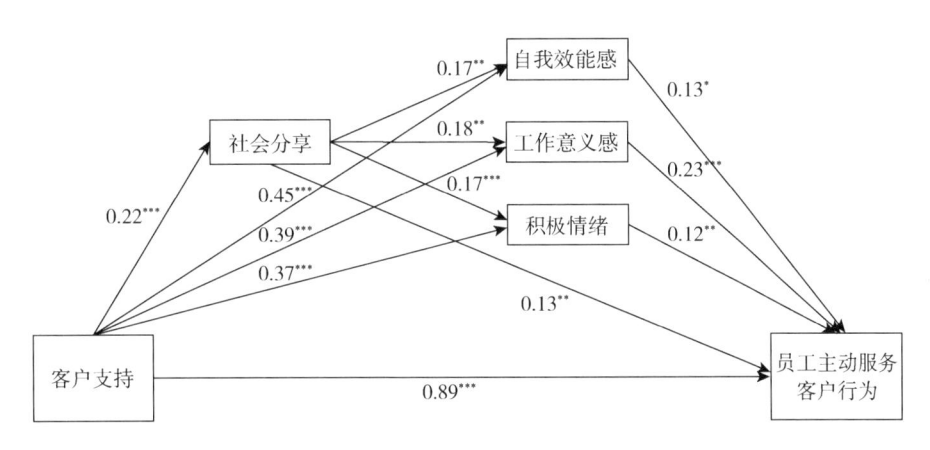

图 4-2 路径分析结果

注：* 表示 p<0.05，** 表示 p<0.01，*** 表示 p<0.001。

其次，为了检验社会分享和主动动机状态在客户支持与主动服务客户行为之间的中介作用，本研究需要构造并检验间接效应系数是否显著。若间接效应系数的置信区间不包含 0 值，说明中介效应显著。客户支持对员工主动服务客户行为的中介效应分析如表 4-4 所示。这一中介效应由三个间接效应构成：第一，客户支持→社会分享→员工主动服务客户行为的间接效应 1，其置信区间不含 0 值（中介效应 = 0.03，95% 置信区间为 [0.01, 0.05]），表明这条路径产生的间接效应达到了显著水平，假设 4 得到了验证。第二，客户支持→主动动机状态（自我效能感、工作意义感和积极情绪）→员工主动服务客户行为的间接效应 2，其置信区间均不含 0 值，表明客户支持对员工主动服务客户行为的影响通过自我效能感的间接作用显著（中介效应 = 0.06，95% 置信区间为 [0.01, 0.11]）；客户支持对员工主动服务客户行为的影响通过工作意义感的间接作用显著（中介效应 = 0.09，95% 置信区间为 [0.04, 0.14]）；客户支持对员工主动服务客户行为的影响通过积极情绪的间接作用显著（中介效应 = 0.04，95% 置信区间为 [0.01, 0.08]）。因此，假设 7a、7b 和 7c 都得到了支持。第三，客户支持→社会分享→主动动机状态

（自我效能感、工作意义感和积极情绪）→员工主动服务客户行为的间接效应 3，其置信区间均不含 0 值，表明客户支持对员工主动服务客户行为的影响通过社会分享和自我效能感的间接作用显著（中介效应 = 0.01，95% 置信区间为 [0.001，0.01]）；客户支持对员工主动服务客户行为的影响通过社会分享和工作意义感的间接作用显著（中介效应 = 0.01，95% 置信区间为 [0.001，0.02]）；客户支持对员工主动服务客户行为的影响通过社会分享、积极情绪的间接作用显著（中介效应 = 0.004，95% 置信区间为 [0.001，0.01]）。因此，假设 9a，9b 和 9c 都得到了支持。

表 4-4　　客户支持对员工主动服务客户行为的中介效应分析

路径	间接效应	LLCI	ULCL
假设 4 客户支持→社会分享→员工主动服务客户行为	0.03	0.01	0.05
假设 7a 客户支持→自我效能感→员工主动服务客户行为	0.06	0.01	0.11
假设 7b 客户支持→工作意义感→员工主动服务客户行为	0.09	0.04	0.14
假设 7c 客户支持→积极情绪→员工主动服务客户行为	0.04	0.01	0.08
假设 9a 客户支持→社会分享→自我效能感→员工主动服务客户行为	0.01	0.001	0.01
假设 9b 客户支持→社会分享→工作意义感→员工主动服务客户行为	0.01	0.001	0.02
假设 9c 客户支持→社会分享→积极情绪→员工主动服务客户行为	0.004	0.001	0.01

注：LLCI = 置信区间下限（Lower-limit of Confidence Interval）；ULCI = 置信区间上限（Upper-limit of Confidence Level）。

四　讨论

本研究基于 158 名员工连续 10 个工作日的数据，探讨了社会分享和主动动机状态（自我效能感、工作意义感、积极情绪）在客户支持与员工主动服务客户行为之间所起的序列中介作用。研究结果发现客户支持不仅可以通过主动动机状态、社会分享单独的中介作用，也可以通过二者的序列中介作用，即在日常水平上员工体验到更多的客户支持，他们更可能将客户支持与他人分享，提高其主动动机状态（自我效能感、工作意义感、积极情绪），进而促进其主动服务客户行为。这一结果不仅从短期变化的视角支持了主动动机模型的内容，也能帮助我们更好地理解积极客户—员工互动过程，并进一步将员工主动服务客户行为的前因从组织内部因素拓展到组织外部因素。

本研究通过日志法较好地捕捉了客户支持和员工主动服务客户行为的短期变化过程，但是二者之前的长期效应还需要进一步检验。此外，研究五中只检验了客户支持和员工主动服务客户行为的中介机制，但在什么条件下客户支持的作用效果能进一步加强需要我们进一步探讨。最后，本研究中所有变量都是同一来源，可能存在共同方法偏差（Podsakoff, Mackenzie, Lee, & Podsakoff, 2003）。因此，研究六将进一步通过多来源的跨层数据验证研究五中的结果，并探讨其边界条件。

第二节　研究六：基于个体间水平的分析：一项跨层研究

一　研究目的与研究假设

本研究的主要目的是，采用跨层研究的方法，从个体间水平的角度考察客户支持对员工主动服务客户行为的影响机制以及团队层次的公仆氛围的调节作用。

尽管研究五已经从个体内水平（日常水平）检验了客户支持对员工主动服务客户行为的影响及其中介机制。但个体内水平的研究结果无法直接推论到个体间水平，因为个体内水平的研究考察的是日常影响，而个体间水平的研究考察的是累积影响。此外，研究五也没有考察组织因素的作用。在工作过程中，客户支持对员工主动动机状态有影响，员工所在团队的情境因素也可能会对员工的动机状态产生影响。例如，Hong 等（2016）的研究发现主动氛围通过影响员工主动动机状态来影响员工的主动行为。在研究二的访谈中，我们也发现团队氛围对员工主动服务客户行为有重要影响。团队氛围是团队成员共享的理念和认识，个体所处的支持性环境会加强个体对目标的追求和坚持（刘丽虹、李爱梅，2010）。

同时，不少研究者都认为个体因素和组织情境因素会交互影响员工动机状态，进一步影响员工主动服务客户行为（Parker et al., 2010；Raub & Liao, 2012）。动机理论认为当不同来源的动机刺激（例如，来自个体和情境）相匹配或一致时，个体的动机将会进一步加强（Chen, Sharma, Edinger, Shapiro, & Farh, 2011）。因此，本研究将考察公仆氛围作为情境动机刺激的调节作用，公仆氛围是指在组织内部和外部以他人利益为先，理解他人需求并将他人需求放在优先位置，为他人提供帮助和支持的一种共享的理念和认识（Liden et al., 2014）。因为公仆氛围与客户支持的动机刺激作用相一致，当公仆氛围更高时，客户支持对员工主动动机状态的影响会更强。通过考察公仆氛围的调节作用，本研究结合客户行为和团队氛围的作用回应了前人的呼吁去考察多来源的情境因素促进员工主动服务客户行为的机制。

因此，本研究将通过跨层次的多时间点、多来源数据考察客户支持对员工主动服务客户行为的影响机制，并关注公仆氛围在其中的权变影响，以便识别其边界条件，为管理实践提供更加有针对性的建议。

（一）主动动机状态在客户支持和主动服务客户行为中的中介作用

研究五已经论述了客户支持对员工主动服务客户行为的影响以及主动动机状态（自我效能感、工作意义感和积极情绪）的中介作用，在此处不再赘述。但研究五中"能做"（can do）动机状态中考察的是自我效能感的作用，本研究将进一步在能力路径中关注角色宽度自我效能感的作用。角色宽度自我效能感指个体对工作中一系列任务的成功能力的信心（Parker，1998），而不局限于规定的工作任务的能力的感知。由于员工主动服务客户行为强调员工的自发性,超越了个体对一般工作任务的自信心。因此,角色宽度自我效能感可能比自我效能感对员工主动服务客户行为的预测作用更强(Hong et al.,2016)。因此,基于研究五中的相关论述提出:

假设1:客户支持正向预测员工主动服务客户行为;

假设2:客户支持正向预测员工主动动机状态[角色宽度自我效能感(假设2a)、工作意义感(假设2b)和积极情绪(假设2c)];

假设3:员工主动动机状态[角色宽度自我效能感(假设3a)、工作意义感(假设3b)和积极情绪(假设3c)]正向预测员工主动服务客户行为;

假设4:员工主动动机状态[角色宽度自我效能感(假设4a)、工作意义感(假设4b)和积极情绪(假设4c)]在客户支持和员工主动服务客户行为之间起中介作用。

(二) 主动动机状态在公仆氛围和员工主动服务客户行为间的中介作用

公仆氛围区别于其他组织氛围的一个重要特点是,强调为他人服务,将他人的需要置于最优先的位置(Bass,2000)。公仆氛围下员工也会表现出更多的主动服务客户行为,主要原因有:

首先,公仆氛围促进员工将他人需求放在首位(Liden et al.,2014)。而员工主动服务客户行为强调员工积极主动地关注客户需求,尽可能满足客户需求(Rank et al.,2007)。因此,公仆氛围中员工更可能优先考虑客户需求,主动为客户提供服务。其次,公仆氛围强调以他人为中心,显示出利他和发展取向。例如,公仆氛围中,组织为员工提供促进员工长远发展的技能,对员工更宽容和有耐心,让员工为达到工作目标和掌握新技能进行更多尝试(Neubert et al.,2008;Walumbwa et al.,2010)。在这一过程中,员工可以努力采用新的方法来满足客户需求,提高服务质量。再次,公仆氛围下,员工也可以习得更多的未来思维取向(future thinking)(Szpunar，2010），让员工更好地预估到客户未来可能遇到的问题，提前帮其解决。最后，公仆氛围鼓励员工参与构思组织愿景，强调相互之间共同的愿景，授予员工适当的工作自主权（Dennis & Winston，2003）。前人研究发现员工工作自主性能有效促进员工主动服务客户行为（Rank et al.，2007）。因此，本研究认为公仆氛围能正向预测员工主动服务客户行为。

根据 Parker 等（2010）的主动动机模型，情境因素可以通过三条路径影响动机状态，进而影响个体的主动行为，包括能力动机路径、意愿动机路径和能量动机路径。根据这一模型，情境因素可能通过影响员工的主动动机状态来影响员工的主动服务客户行为。我们认为公仆氛围中，员工主动动机状态会提高，例如角色宽度自我效能感、工作意义感和积极情绪。

公仆氛围对员工角色宽度自我效能感的影响主要表现在以下几个方面：首先，公仆氛围下，团队成员作为一个整体，关注他人需求，互相帮助支持。这种帮助和支持不仅仅是工作技能上的技术建议，也是互相之间的情感支持，促进所有员工都能更好地投入到工作中（Cameron & Spreitzer，2013），提高员工工作的内部效能。例如，当员工遇到困难时，组织中领导和同事会提供帮助，个体更可能成功解决问题，对自己的能力更有信心，从而提高其角色宽度自我效能感。其次，在公仆氛围下，组织鼓励员工最大限度地挖掘自我潜能，实现对自我能力的肯定（Liden et al.，2014），提高员工角色宽度自我效能感。这一过程与组织支持在创新氛围中的作用相一致，研究发现鼓励员工的创新行为并提供组织支持，能提高个体的角色宽度自我效能感（Chen，Farh，Campbell-Bush，Wu，& Wu，2013）。

在公仆氛围中，员工感受到的组织理念是在工作过程中不能只寻求个人利益，而是彰显利他精神，强调组织成员之间互相帮助。这个过程也能提高员工工作意义感。首先，公仆氛围可以促进同事之间的人际互动，提高员工的工作意义感。Vinarski-Peretz 和 Carmeli（2011）的研究发现员工知觉到同事对自己关心，会帮助个体提升对工作的心理认知，增加员工的工作意义感知。其次，员工工作意义感的形成还依赖于员工在工作中的所见所闻（Wrzesniewski et al.，2003），员工能从其他组织成员的行为被奖赏或被处罚的过程中了解到哪些行为是有价值和意义的，公仆氛围为员工制定了优先考虑他人需求的规范，让一线服务员工感受到服务性工作的价值和意义。最后，公仆氛围中，组织不仅关注企业的经济效益，也关注企业所承担的社会责任，例如在护理行业中，缓解病人的痛苦不仅是工作，也是一种社会责任，因此，员工更可能认为其工作具有较强的意义感。

除了能力路径和意愿路径的动机状态，个体积极情绪的能量路径也能影响个体的主动服务客户行为。在公仆氛围中，员工可能有更高的积极情绪。首先，当个体遇到问题时，高公仆氛围的组织会帮助个体解决并提供相应的知识，增加员工问题解决和知识获取的可能性，提高员工的积极情绪（Todorova，Bear，& Weingart，2014）。其次，公仆氛围强调优先考虑员工发展，员工感受到组织对自我利益的重视，以及来自组织的尊重，有助于员工感受到自豪和兴奋等积极情绪（Warr，2011）。因此，公仆氛围下，员工更可能感受到积极情绪。基于此提出：

假设5：公仆氛围对员工主动动机状态有正向预测作用，即公仆氛围正向预测员工角色宽度自我效能感（假设5a）、工作意义感（假设5b）、积极情绪（假设5c）。

假设3的内容提出，员工角色宽度自我效能感、工作意义感和积极情绪对员工主动服务客户行为有正向预测作用。基于Parker等（2010）的主动动机模型，团队氛围也可能通过影响员工主动动机状态来影响员工主动服务客户行为。这与前人研究也是一致的，例如，Hong等（2016）的研究发现主动氛围通过影响员工的主动动机状态来促进员工主动行为。因此，公仆氛围也能通过能力、意愿和能量动机路径，促使员工表现出更多的主动服务客户行为。基于此提出：

假设6：员工主动动机状态［角色宽度自我效能感（假设6a）、工作意义感（假设6b）、积极情绪（假设6c）］在公仆氛围和员工主动服务客户行为之间起中介作用。

(三) 公仆氛围的跨层调节作用

动机理论 (Chen & Kanfer, 2006; Kanfer & Heggestad, 1997) 认为当不同来源的动机刺激相一致或匹配时, 个体动机将进一步加强。对于一线服务员工来说, 客户支持是来自人的动机刺激 (Dong et al., 2015), 团队氛围指团队内成员共享的组织规范或规则, 是来自组织情境中的动机刺激 (Rofcanin, Heras, & Bakker, 2017)。根据假设 2 和假设 5 的内容, 客户支持和公仆氛围是一致的动机刺激, 基于动机刺激匹配的思想 (Chen et al., 2011), 公仆氛围不仅能直接影响员工主动动机状态, 也可能会加强客户支持与员工主动动机状态之间的关系。

具体来说, 在工作场所中, 客户和组织氛围是员工重要的社会信息源 (Paustian-Underdahl & Halbesleben, 2014)。通过前面对相关研究的梳理, 可以发现客户支持主要强调客户对员工的积极支持、帮助和肯定, 公仆氛围强调的则是工作情境中领导和同事优先考虑他人需求, 为他人提供支持。公仆氛围作为一种支持环境, 为员工提供了主动服务客户行为有价值的信号, 让员工意识到主动服务客户行为是被期待和被鼓励的, 引导员工认为有理由去表现出这样的行为 (Raub & Liao, 2012)。根据动机刺激匹配的思想, 当员工意识到来自组织环境和客户信息之间相一致时, 它们对员工的态度和行为也会表现出更强的影响 (Chen et al., 2011)。虽然目前研究还未探讨客户和员工领导、同事的共同作用, 但对于一线服务人员来说, 客户、同事和领导都作为员工工作过程中的重要元素, 可能会对员工动机状态共同产生作用。根据动机理论, 当来自组织内部的动机刺激 (公仆氛围) 与来自组织外部的动机刺激 (客户支持) 的作用一致时, 能进一步加强员工的动机状态。因此, 综合前文对客户支持和公仆氛围对员工主动动机状态的影响的论述, 我们认为, 公仆氛围能调节客户支持与员工主动动机状态之间的关系。当公仆氛围更高时, 二者关系更强。基于此提出:

假设7：公仆氛围调节客户支持对主动动机状态［角色宽度自我效能感（假设7a）、工作意义感（假设7b）、积极情绪（假设7c）］的影响。当公仆氛围更强时，客户支持与员工主动动机状态之间的关系更强。

（四）有调节的中介效应

假设6和假设7的关系进一步表现为被调节的中介模型。也就是说，员工主动动机状态在客户支持与员工主动服务客户行为之间起中介作用，但该中介作用效应的大小取决于公仆氛围的高低。公仆氛围越高，客户支持对员工主动动机状态的正向影响越强，因而员工主动动机状态在客户支持与员工主动服务客户行为间的中介效应也越大。基于此提出：

假设8：公仆氛围调节了员工主动动机状态［角色宽度自我效能感（假设8a）、工作意义感（假设8b）和积极情绪（假设8c）］在客户支持与员工主动服务客户行为之间的中介效应。

理论模型示意见图4-3。

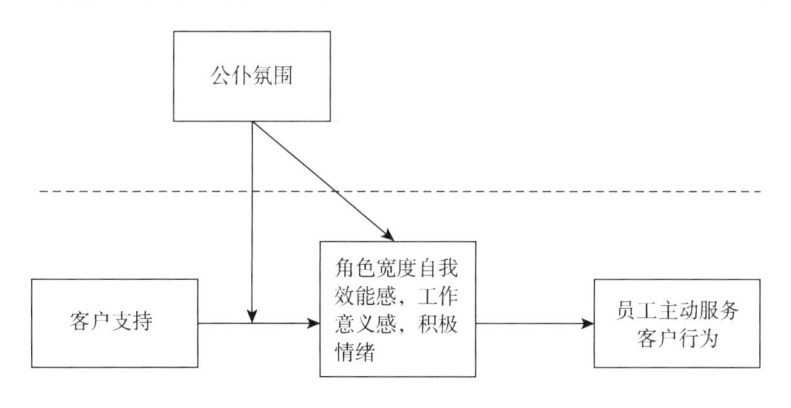

图4-3 理论模型示意

二 研究方法

（一）研究样本与程序

采用问卷调查法，从湖北省7所医院收集数据，为了避免共同方法偏差（common method bias）对研究结果的潜在影响，本研究分别从领导和员工两个来源收集样本。其中，客户支持、公仆氛围、角色宽度自我效能感、工作意义感和积极情绪由员工（护理人员）提供，员工主动服务客户行为则由科室领导（护士长）提供。调查开始前，研究者与医院护理部的工作人员进行协商，确定要调查的科室和科室员工的名单，以便进行编号，使领导提供的数据能够与员工的数据匹配。在时间T1，发放450份员工问卷，回收有效问卷418份（回收率92.89%），测量客户支持和公仆氛围；三个月后时间T2，向T1时间填写问卷的418名员工发放问卷，回收有效问卷392份（回收率87.11%），测量角色宽度自我效能感、工作意义感和积极情绪；三个月后时间T3，向填写问卷的科室领导发送问卷，请他们评价参与调研的员工的主动服务客户行为。问卷收回后对空白太多、无法配对以及部门中填答问卷的员工少于3人的予以剔除，最终获得80份领导问卷和373份员工问卷。平均每个部门有4.66名员工填写了问卷。其中，男性有11人，女性有362人；受教育程度以专科和大学本科（364人，占97.59%）为主；职称以护士、护师和主管护师为主（364人，占97.59%）；员工的平均年龄为30.10岁（SD=5.89），在目前的组织平均工作了8.25年（SD=6.64）。领导的平均年龄为39.90岁（SD=5.73），平均工作年限为19.20年（SD=6.85）。

（二）测量

1. 公仆氛围

公仆氛围采用Liden等（2014）改编的公仆氛围量表，包含7个条目，例如"我的领导和同事都会优先考虑他人的发展"，问卷采用李克特5级评分（1=完全不符合，5=非常符合）。在本研究中，该量表的Cronbach's α 系数为0.90。因为公仆氛围是员工所共享的一种理念，是团队层面的构念，本研究将通过员工个体数据的汇总得到。我们通过Rwg（j）、组内相关系数（ICC［1］）和评判间信度（ICC［2］）来衡量分数的一致性，以判断个体层面的分数是否能汇总为群体层次的分数（Bliese，2000）。统计结果表明，个体在公仆氛围上的得分具有较好的同质性（ICC［1］为0.27，ICC［2］为0.64，Rwg（j）的平均数为0.90），因此可以将个体层面的分数汇总至团体层面。

2. 客户支持

采用Zimmermann等（2011）编制的客户支持量表。为了适合医疗行业情境，将量表中的"客户"改成"患者"，共5个条目，如"患者愿意配合我的工作"。采用员工自我报告的方式，基于李克特5级评分（1＝非常不同意，5＝非常同意）。在本研究中，该量表的Cronbach's α系数为0.84。

3. 角色宽度自我效能感

采用Parker等（2006）编制的角色宽度自我效能感量表，为了适合医疗行业情境，将量表中的"客户"改成"患者"，共7个条目，如"我有能力为我的患者提供良好的护理服务"。采用员工自我报告的方式，基于李克特5级评分（1＝非常不符合，5＝非常符合）。在本研究中，该量表的Cronbach's α系数为0.85。

4. 工作意义感

采用Steger等（2012）编制的工作意义感量表，共10个条目，如"对我来说，我的职业是有意义的"，采用员工自我报告的方式，基于李克特5级评分（1＝非常不同意，5＝非常同意）。在本研究中，该量表的Cronbach's α系数为0.88。

5. 积极情绪

采用Watson等（1988）编制的积极情感—消极情感量表中的积极情感量表，共10个条目，采用问题进行介绍，"你在工作中在多大程度上体会到以下情绪？"包括"活跃的""自豪的"，采用员工自我报告的方式，基于李克特7级评分（1＝非常不符合，7＝非常符合）。在本研究中，该量表的Cronbach's α系数为0.95。

6. 员工主动服务客户行为

采用研究一中开发的护理人员主动服务客户行为量表进行测量，

该量表由科室护士长填写。采用李克特 7 级评分（1 = 非常不同意，7 = 非常同意）。共 6 个条目，如"他能主动觉察和发现患者关注的问题，并及时帮助患者解决"。在本研究中，该量表的 Cronbach's α 系数为 0.84。

7. 控制变量

控制变量包括：（1）个体层面的变量：员工年龄、受教育程度、组织任期和主动性人格；采用 Claes 等（2005）编制的主动性人格量表，包含 6 个条目，例如"我善于发现机会"。采用员工自我报告的方式，要求员工根据工作中的真实情况进行回答，问卷采用李克特 5 级评分（1 = 完全不符合，5 = 非常符合）。在本研究中，该量表的 Cronbach's α 系数为 0.84。（2）团队层面的变量为部门规模。

三 研究结果

（一）构念区分效度的验证性因子分析

采用多层次验证性因子分析考察公仆氛围、客户支持、角色宽度自我效能感、工作意义感、积极情绪和员工主动服务客户行为的区分效度，以确定这六个构念确实是不同的变量，为后续的统计分析做准备（分析结果如表 4 - 5 所示）。与其他五个模型相比，六因子模型对数据的拟合效果最好（χ^2 = 503.95，df = 258，χ^2/df = 1.95，CFI = 0.94，TLI = 0.93，RMSEA = 0.05），说明本研究中的六个构念具有良好的区分效度。

表 4 - 5　　　　　　　　　　验证性因子分析结果

模型	χ^2	df	χ^2/df	CFI	TLI	RMSEA
六因子模型	503.95	258	1.95	0.94	0.93	0.05
五因子模型	999.70	268	3.73	0.82	0.79	0.09
四因子模型	1197.80	276	4.34	0.77	0.74	0.10
三因子模型	1542.83	282	5.47	0.68	0.66	0.11
二因子模型	1779.92	286	6.22	0.63	0.60	0.12

续表

模型	χ^2	df	χ^2/df	CFI	TLI	RMSEA
单因子模型	2021.38	288	7.02	0.57	0.54	0.13

注：五因子模型：客户支持+公仆氛围；四因子模型：角色宽度自我效能感+工作意义感+积极情绪；三因子模型：客户支持+角色宽度自我效能感+工作意义感+积极情绪；二因子模型：客户支持+公仆氛围+角色宽度自我效能感+工作意义感+积极情绪；单因子模型：客户支持+公仆氛围+角色宽度自我效能感+工作意义感+积极情绪+主动服务客户行为。"+"表示合并为一个因子。

CFI=相对拟合指数（comparative fit index）；TLI=Tucker-Lewis 指数（Tucker-Lewis index）；RMSEA=近似均方根误差（root mean square error of approximation）。

（二）描述性统计分析

对研究中各变量进行描述性统计分析，平均值、标准差、相关系数的结果见表4-6。从表中可以看出，客户支持与员工主动服务客户行为呈显著的正相关关系（r=0.57，p<0.001），这为研究假设提供了初步的支持。

（三）假设检验

本研究中采用 Mplus 7.1 软件（Muthén & Muthén，1998-2007）检验多层次模型。根据 Enders 和 Tofighi（2007）的建议，个体层面的客户支持采用组均值（group-mean）中心化，团队层面的公仆氛围采用总均值（grand-mean）中心化处理后进行假设检验。为了检验员工主动动机状态（角色宽度自我效能感、工作意义感和积极情绪）在客户支持与员工主动服务客户行为之间所起的中介作用，以及公仆氛围在客户支持和员工主动动机状态之间的调节作用，本研究采用多层线性模型分析数据。首先，本研究分别设置了以员工主动动机状态（角色宽度自我效能感、工作意义感和积极情绪）与主动服务客户行为为结果变量的零模型，以考察其组间与组内方差。结果显示员工角色宽度自我效能感的组内方差（σ^2）与组间方差（τ_{00}）分别为0.25和0.08，组间方差占总方差的24.42%；员工工作意义感的组内方差（σ^2）与组间方差（τ_{00}）分别为0.35和0.06，组间方差占总方差的14.63%；员工积极情绪的组内方差（σ^2）与组间方差（τ_{00}）分别为1.33和0.26，组间方差占总方差的16.35%；

表 4-6 描述性统计分析结果

变量	平均值	标准差	年龄	受教育程度	组织任期	主动性人格	客户支持	角色宽度自我效能感	工作意义感	积极情绪	员工主动服务客户行为
个体层面 (n=373)											
年龄	30.09	5.89	—								
受教育程度	2.76	0.50	0.06	—							
组织任期	8.25	6.54	0.95***	0.004	—						
主动性人格	3.71	0.57	0.02	−0.05	0.01	—					
客户支持	3.93	0.60	0.06	−0.12*	0.05	0.53***	—				
角色宽度自我效能感	3.86	0.57	0.16**	−0.08	0.16**	0.54***	0.41***	—			
工作意义感	3.87	0.64	−0.01	−0.22***	−0.02	0.41***	0.46***	0.37***	—		
积极情绪	4.59	1.25	0.01	−0.18**	0.03	0.33***	0.45***	0.34***	0.56***	—	
员工主动服务客户行为	5.88	0.65	0.16**	−0.09	0.15*	0.51***	0.57***	0.51***	0.44***	0.39***	—
团队层面 (n=80)											
1. 团队规模	4.75	1.11									
2. 公允氛围	3.82	0.45	0.11								

注：受教育程度：中专=1；大专=2；本科=3；硕士及以上=4。
* 表示 $p<0.05$，** 表示 $p<0.01$，*** 表示 $p<0.001$。

员工主动服务客户行为的组内方差与组间方差分别为 0.36 和 0.06，组间方差占总方差的 14.29%。因此，可以进行接下来的多层线性分析（温福星，2009）。

对整个模型采用路径分析，图 4-4 显示路径分析的结果。图 4-4 中显示员工感受到的客户支持显著正向预测员工主动服务客户行为（$\gamma = 0.32$，SE = 0.07，$p < 0.001$），因此，假设 1 得到了验证。结果也支持了假设 2，结果显示客户支持显著正向预测员工角色宽度自我效能感（$\gamma = 0.28$，SE = 0.05，$p < 0.001$）、工作意义感（$\gamma = 0.48$，SE = 0.06，$p < 0.001$）和积极情绪（$\gamma = 0.86$，SE = 0.12，$p < 0.001$）。假设 3 提出员工主动动机状态正向预测员工主动服务客户行为，结果显示员工角色宽度自我效能感（$\gamma = 0.30$，SE = 0.07，$p < 0.001$）和工作意义感（$\gamma = 0.16$，SE = 0.03，$p < 0.05$）显著正向预测员工主动服务客户行为，但积极情绪不能显著正向预测员工主动服务客户行为（$\gamma = 0.04$，SE = 0.03，$p = 0.17$）。因此，假设 3a 和 3b 得到了支持，假设 3c 没有得到支持。

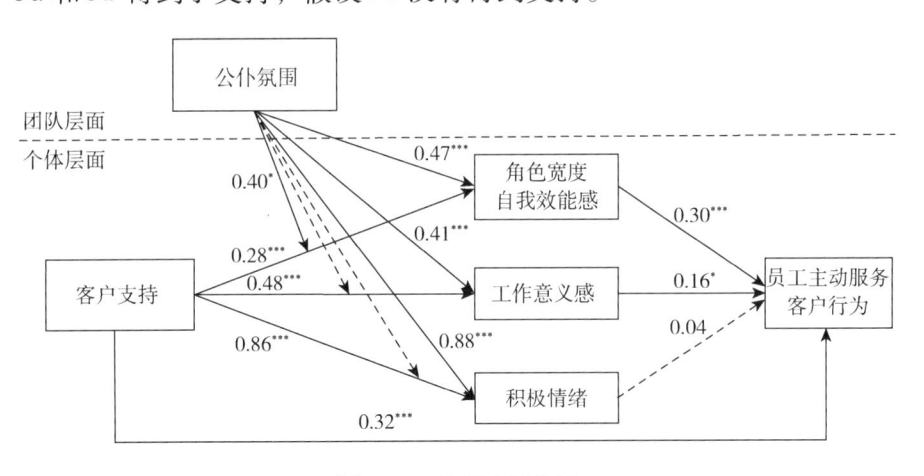

图 4-4 路径分析结果

注：实线表示假设得到支持，虚线表示假设没有得到支持。
* $p < 0.05$，*** $p < 0.001$。

假设 4 是为了考察员工主动动机状态在客户支持和员工主动服务客户行为之间的中介作用。为了检验员工主动动机状态中介作用的显著性，本研究需要构造并检验间接效应系数是否显著，若该置信区间含 0，则拒绝该中介效应假设。经过 Mplus7.0 软件检验，客户支持对员工主动服务客户行为的影响将通过员工角色宽度自我效能感（中介效应 = 0.09，95% 置信区间为［0.04，0.14］）和工作意义感（中介效应 = 0.08，95% 置信区间为［0.01，0.15］）的中介作用。但是结果并未支持积极情绪的中介作用（中介效应 = 0.03，95% 置信区间为［－0.02，0.08］）。因此，假设 4a 和 4b 得到了支持，假设 4c 没有得到支持。

假设 5 考察了公仆氛围对员工主动动机状态的作用，结果显示公仆氛围显著预测员工角色宽度自我效能感（γ = 0.47，SE = 0.07，$p < 0.001$）、工作意义感（γ = 0.41，SE = 0.08，$p < 0.001$）和积极情绪（γ = 0.88，SE = 0.17，$p < 0.001$）。因此，假设 5a、5b 和 5c 得到了支持。

假设 6 是为了考察员工主动动机状态在公仆氛围和员工主动服务客户行为之间的中介作用。经过 Mplus 7.0 检验，公仆氛围对员工主动服务客户行为的影响将通过员工角色宽度自我效能感（中介效应 = 0.14，95% 置信区间为［0.06，0.21］）和工作意义感（中介效应 = 0.07，95% 置信区间为［0.004，0.13］）的中介作用。但是结果并未支持积极情绪的中介作用（中介效应 = 0.04，95% 置信区间为［－0.02，0.09］）。因此，假设 6a 和 6b 得到了支持，假设 6c 没有得到支持。

假设 7 是为了检验公仆氛围在客户支持和员工主动动机状态间的调节作用。结果显示，公仆氛围显著调节客户支持和员工角色宽度自我效能感（γ = 0.40，SE = 0.17，$p < 0.05$），但对工作意义感（γ = －0.01，SE = 0.13，$p = 0.96$）和积极情绪（γ = －0.42，SE = 0.25，$p = 0.10$）的调节作用不显著。为了更清晰地揭示公仆氛围在客户支持与员工角色宽度自我效能感之间的调节效应，参考 Aiken

和 West（1991）的建议，分别取公仆氛围加减一个标准差的值代入回归模型中，并绘制了如图 4-5 所示的调节效应图。简单效应分析的结果显示，当公仆氛围较高时，客户支持与员工角色宽度自我效能感的关系更强（γ=0.47，SE=0.05，p<0.001）；但是当公仆氛围较低时，客户支持与员工角色宽度自我效能感的关系不显著（γ=0.10，SE=0.05，p=0.054）。因此，假设 7a 得到了支持，但是假设 7b 和 7c 并未得到支持。

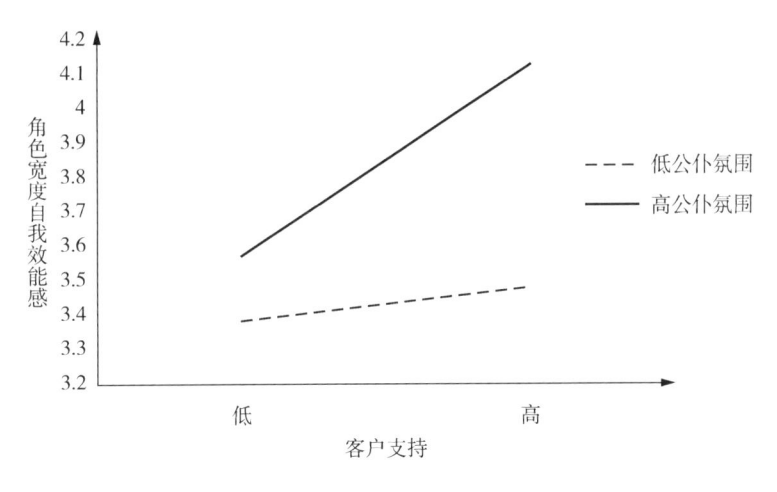

图 4-5 公仆氛围的调节效应

假设 8 是为了检验公仆氛围调节员工主动动机状态在客户支持与员工主动服务客户行为之间的中介效应。上述分析已经将中介作用和调节作用分别进行了检验，但对有调节的中介效应（moderated mediation effect）的分析需要将这两种方法整合在一起。被调节的中介效应，是指某一个变量所起的中介作用受另一个变量的调节，进而对结果变量产生影响（Edwards & Lambert，2007）。根据 Bauer、Preacher 和 Gil（2006）的分析程序，结果显示在公仆氛围差异的不同水平下，员工角色宽度自我效能感间接效应的差值达到显著水平（Δ=0.11，95% 置信区间 = [0.06, 0.16]）。具体来说，当公仆氛围差异较大时，间接效应也达到显著水平（b=0.14，95% 置信区间 =

[0.07，0.21]）；当公仆氛围差异较小时，间接效应不显著，95%置信区间包括 0（b = 0.03，95%置信区间 = [-0.003，0.07]）。但是在公仆氛围差异的不同水平下，员工工作意义感的间接效应差值不显著（Δ = -0.001，95%置信区间 = [-0.02，0.001]）；员工积极情绪的间接效应差值不显著（Δ = -0.02，95%置信区间 = [-0.04，0.01]）。因此，假设8a得到了验证，但假设8b和8c并未得到支持。

四 讨论

本研究基于 80 名领导和 373 名员工的配对数据，以主动动机模型为基础，探讨了员工主动动机状态（工作意义感、角色宽度自我效能感、积极情绪）在客户支持、公仆氛围与员工主动服务客户行为之间所起的中介作用，以及公仆氛围在客户支持和员工主动动机状态之间的调节作用。研究结果显示，客户支持和公仆氛围通过提高员工主动动机状态（角色宽度自我效能感和工作意义感）来促进员工主动服务客户行为。但是研究发现积极情绪的中介作用不显著。出现这一结果可能有以下几个方面的原因：首先，由客户支持所引发的积极情绪对员工主动服务客户行为的影响可能是一个短期的过程。在较短的时间内，员工积极情绪能促进其主动服务客户行为，但是这一效果可能会随着时间的推进而消失。其次，这可能是因为在"能量"路径中，积极情绪在长期效果中不是最好的指标。过去研究探讨能量路径的作用时，其研究结果也不一致。例如，Chen 等（2017）发现工作激情作为能量路径的指标正向预测员工主动服务客户行为，但 Hong 等（2016）发现积极情绪对员工主动行为的预测作用不显著。因此，未来研究可以进一步探讨其他变量作为能量路径指标的作用。

此外，本研究还发现公仆氛围能增强客户支持与员工角色宽度自我效能感之间的积极作用。但本研究并未发现公仆氛围在客户支持和员工工作意义感、积极情绪之间的调节作用。这可能是因为公仆氛围和客户支持都会一致增强员工对自我能力的感知（自我效能感),而很难影响员工对工作的感知(工作意义感)或者对员工情绪反应(积极情绪)产生影响。未来研究可以进一步探讨更多的边界条件。

第三节 本章小结

虽然在第三章中已经发现了客户因素对员工主动服务客户行为的影响,但客户支持对员工主动服务客户行为的影响机制还需要进一步探讨。本章中包含两个研究,探讨了客户支持对员工主动服务客户行为的影响机制。

本章研究的理论贡献主要体现在以下几个方面:首先,本章两个研究拓展了客户行为和员工主动服务客户行为的研究。一方面,过去研究在探讨客户—员工互动过程时,更多地从消极互动的视角将客户作为服务交互中的障碍(Koopmann et al.,2015),但本研究发现客户也可能成为服务交互过程中的合作者,对员工主动服务客户行为产生积极影响。这一结果不仅拓展了客户积极行为的作用效果,说明客户支持能促进员工主动为客户提供更好的服务,而且为服务管理中客户积极行为促进员工积极服务的观点提供了实证支持。另一方面,本章研究结果拓展了员工主动服务客户行为的前因机制。过去研究主要从个体层面、团队层面和组织层面探讨员工主动服务客户行为的前因,但却忽略了员工行为发生过程中与其发生频繁互动的客户的作用。本章通过两个研究挖掘了客户支持对员工主动服务客户行为在个体内水平和个体间水平的正向作用,说明除了领导,客户也是影响员工行为的重要来源。

其次,本章分别考察了主动动机状态(自我效能感/角色宽度自我效能感、工作意义感和积极情绪)在客户支持/公仆氛围和员工主动服务客户行为之间的中介作用,为主动动机模型提供了实证支持。具体来说,本章研究中将自我效能感/角色宽度自我效能感、工作意义感和积极情绪作为主动动机模型中能力、意愿和能量动机路径的指标，并检验其中介作用，不仅丰富了主动动机模型的内容，也揭开了客户支持和员工主动服务客户行为之间的"黑箱"。

最后，本章通过考察公仆氛围的调节作用，诠释了客户支持在何种情境下影响员工主动动机状态。基于动机刺激匹配的思想（Chen et al.，2011），公仆氛围和客户支持作为促进员工动机的一致性因素，能进一步加强其作用。公仆氛围和客户支持都让员工感受到他们有能力提供超越预期的服务。本章表明，在公仆氛围较高时，客户支持对员工主动动机状态的影响更强，这一发现丰富了基于主动动机模型的边界条件。另外，本章结果也回应了以往研究的呼吁"需要同时考虑个体和团队或组织层面因素的共同作用，揭示什么样的员工在什么样的情境中更可能出现主动服务客户行为"（张慧等，2018；Raub & Liao，2012）。本研究结合组织内部和组织外部因素，说明了员工在怎样的内部和外部工作情境中会更多地表现出主动服务客户行为。

本章两个结果对组织管理也具有一定的指导意义。第一，本研究发现客户可以通过其对员工的支持行为促使员工提供更好的服务。因此，组织可以呼吁客户为员工提供支持，从而享受更好的服务。例如，组织可以通过播放客户—员工积极互动的视频来提高客户为员工提供支持的意愿。当客户为员工提供支持时，客户也可以获得更好的服务。此外，组织可以采取一些策略来让员工更多地感受到来自客户的积极行为，例如，在企业中举行由客户评价的"服务之星"活动，让员工感受到客户的积极评价。

第二，本章研究发现客户支持可以通过员工主动动机状态来影响员工主动服务客户行为。因此，企业管理者也应该关注如何提高员工的主动动机状态，通过一些相关培训来重构和提高员工的自我效能感、工作意义感和积极情绪等。例如，管理者可以按照 Bandura（1986）的建议为员工提供成功的体验或案例来提高员工自我效能感。此外，前人研究发现工作重塑也能提高员工工作意义感（Petrou,

Bakker, & van den Heuvel, 2017; Tims, Derks, & Bakker, 2016), 因此，管理者可以让员工重新定义和管理其工作流程，通过促进其工作重塑（job crafting）来提高其工作意义感。

第三，本章研究发现员工的社会分享也能中介客户支持与员工主动服务客户行为之间的关系，这提示在企业中，应该让员工互相分享在工作中的积极事件，从而提高员工主动服务客户行为。

第四，本章研究还发现公仆氛围也可以促进员工主动服务客户行为，并且公仆氛围越高，客户支持对员工主动动机状态（角色宽度自我效能感）的影响越大，这提示企业管理者，组织内部和组织外部因素会共同影响员工主动服务客户行为。根据组织氛围理论，企业中管理者更应以身作则，通过自身的公仆领导行为来促进员工的公仆行为，进而形成团队中的公仆氛围（Liden et al., 2014）。

尽管本章研究具有一定的理论贡献，也能为组织管理提供有价值的管理启示，但也存在一些局限和不足。首先，研究五中的变量都是在同一时间点收集，这可能会存在共同方法偏差。尽管研究六中收集了三时间点的领导—员工配对数据去减少共同方法偏差，但是未来的研究依旧需要采用第三方数据来检验这一结果，例如，第三方评价员工主动服务客户行为。其次，尽管研究六从湖北省7家医院收集数据，但也存在一些问题，如涉及地域、文化等因素较为单一，这在一定程度上影响了研究结果的外部效度。建议未来研究应充分考虑这些因素，通过更为严谨的设计来解决上述因素对研究结果的影响。

再次，尽管本章的研究收集了多层次、多来源的数据，但此研究不能严格考察变量之间的因果关系。根据主动动机模型，组织情境因素可以通过提高员工主动动机状态来促进其主动服务客户行为（Parker et al., 2010）。虽然理论假说为本章研究的内容提供了支持，未来研究仍需采用纵向追踪的方式对研究问题进行更为严格的检验。

综上，本章包含两个研究，研究五和研究六分别通过日志法和多时间点跨层数据探讨客户支持对员工主动服务客户行为的影响机制和边界条件，得出如下结论：

（1）在日常水平，客户支持正向预测员工主动服务客户行为；

（2）在日常水平，员工主动动机状态（自我效能感、工作意义感和积极情绪）中介了客户支持和员工主动服务客户行为；

（3）在日常水平，员工社会分享中介了客户支持和员工主动服务客户行为；

（4）在日常水平，客户支持通过社会分享和员工主动动机状态（自我效能感、工作意义感、积极情绪）的序列中介作用对员工主动服务客户行为产生影响；

（5）在长期效应中，员工角色宽度自我效能感和工作意义感中介了客户支持和员工主动服务客户行为；

（6）在长期效应中，员工角色宽度自我效能感和工作意义感中介了公仆氛围和员工主动服务客户行为；

（7）在长期效应中，公仆氛围调节客户支持和员工角色宽度自我效能感的作用，公仆氛围越强，客户支持和员工角色宽度自我效能感的作用越强；

（8）在长期效应中，公仆氛围调节了员工角色宽度自我效能感在客户支持与员工主动服务客户行为之间所起的中介效应，公仆氛围越强，该中介效应越大。

第 五 章

员工主动服务客户行为与客户支持的互动螺旋研究

为了有效满足客户需求、提高客户满意度,如何让员工持续、主动地为客户提供良好服务是服务型企业发展过程中亟须解决的问题(Raub & Liao, 2012)。目前,研究者已经从个体层面、团队层面、组织层面对员工主动服务客户行为的前因进行了探讨(Chen et al., 2017; Raub & Liao, 2012; 董霞等, 2018),但以上研究均是以员工为中心,将客户作为被动接受服务的对象,而实际上客户也是具有主观能动性的个体,也能在与员工互动过程中对员工行为产生影响(Dong et al., 2015)。然而目前研究却缺少从客户—员工互动的角度,把客户作为行为发生过程中的重要工作情境因素,探讨员工主动服务客户行为与客户行为的互动过程。事实上,服务交互过程中员工与客户有着频繁的互动(Grandey et al., 2007; Gettman & Gelfand, 2007; Dong et al., 2015),研究者也呼吁从互动的视角开展相应研究(Groth & Grandey, 2012; Ma & Dubé, 2011)。

在服务交互的双向过程中,员工与客户在互动过程中可能存在相互影响的互动螺旋效应(Groth & Grandey, 2012),即行为和情绪反应共同增加或减少的模式(Lindsley et al., 1995)。现有研究已经对领导—员工、员工—同事以及员工行为与工作情境之间的互动螺旋机制进行了探讨(Kim et al., 2016; Lian et al., 2014; 李超平、毛凯贤，2018），却较少考察服务提供者和服务对象之间的互动螺旋。随着服务行业的发展，一线服务人员在工作中有越来越多的时间和机会跟客户进行沟通（Liao & Subramony，2008），员工与客户之间的互动引起了越来越多研究者的关注（Groth & Goodwin，2011）。员工与客户在频繁的互动过程中也可能存在相互的影响。例如，员工服务对客户需求的有效满足，能提高客户满意度，也可能会引发客户的积极行为（例如，客户支持、客户感恩）；而当员工感受到客户支持，可能会促进员工的积极体验（例如，积极情绪），进而提高员工主动服务客户行为；在这个过程中，员工主动服务客户行为又可以让客户感受到员工的良好服务，使员工与客户的关系在互动过程中"越来越好"。这种影响对于员工工作体验和客户服务质量感知都是至关重要的。

研究二通过访谈发现员工主动服务客户行为与客户支持之间可能存在积极互动螺旋效应。第三章的研究结果也分别支持了员工主动服务客户行为对客户支持的影响和客户支持对员工主动服务客户行为的影响，为二者之间的互动螺旋效应提供了支持。对员工主动服务客户行为和客户支持的互动螺旋效应的探讨具有重要的理论和实践意义，因为组织中不仅需要单个员工表现出主动服务客户行为，更需要员工能在较长一段时间内持续表现出主动服务客户行为，而对员工主动服务客户行为与客户互动过程的探讨有助于进一步揭示这一过程。同时，研究者也开始呼吁我们进一步探讨员工主动服务客户行为的维持机制和互惠效应（Strauss & Parker，2014）。此外，在医疗行业中，护理人员主动服务客户行为与客户支持的互动螺旋对于打破消极护患互动螺旋、建立积极护患互动螺旋、形成良好护患关系具有重要的价值和意义。因此，本章将通过两个纵向研究检验员工主动服务客户行为与客户支持之间是否存在交叉滞后的互动螺旋效应，以期为我国服务管理提供依据。

第一节 研究七：长期互动螺旋研究

一 研究目的与研究假设提出

本研究的目的是，采用间隔3个月的纵向数据，考察员工主动服务客户行为与客户支持之间的积极互动螺旋效应。

在服务交互的双向过程中，员工与客户之间可能存在相互影响，出现客户—员工关系"越来越好"的现象。例如，客户感知到的良好服务能有效提高其满意度，促进客户感恩、客户支持等积极行为的出现；客户积极行为让员工认为客户也可能成为服务交互过程中的合作者，提高员工积极心理状态，促进其提供更好的服务；这又成为客户满意度的来源，促使客户—员工互动出现"越来越好"的积极螺旋效应。这些现象为员工与客户互动过程中的双向影响提供了鲜明的事例，员工的行为可以影响客户，客户的行为也可以反过来影响员工，形成客户—员工互动螺旋，使员工与客户在相互影响中将客户—员工关系提高到更高的水平。

尽管在现实生活中存在客户—员工双向影响的互动螺旋，但目前仍然缺乏理论和实证研究的支持与检验，前人也呼吁研究者采用具体的实证研究来检验员工与客户的互动螺旋（Groth & Grandey，2012），推动客户—员工互动理论的发展。因此，在员工主动服务客户行为的研究中一个重要的方向即是从动态的角度考察员工主动服务客户行为的变化过程，将员工与客户的互动过程考虑在研究模型中，检验员工主动服务客户行为如何与客户行为相互影响。社会互动理论认为当相关双方相互采取社会行动时就形成了社会互动，它是个体对他人采取社会行动和对方做出反应性社会行动的过程，即我们不断地意识到我们的行动对别人的效果；反过来，别人的期望也影响着我们自己的行为。客户与员工在互动过程中，也可能会产生相互影响。因此，将社会互动理论引入到客户—员工互动研究中，不仅拓展了社会互动理论的内容，也为员工与客户在互动过程中螺旋上升的双向影响机制提供了理论支持。

首先，从社会交换的视角来看，客户—员工互动与其他社会交换一样，当员工表现出更多主动服务客户行为时，客户在服务过程中有更好的服务体验，更可能对员工的服务表现出积极行为，例如客户支持；当客户给予员工更多积极行为时，员工作为回报也会给客户提供更好的服务，更加主动地去满足客户需求，表现出更多的主动服务客户行为。其次，从情绪感染的视角来看，客户与员工之间的情绪也可能存在互相感染的路径。例如，当员工在工作中对客户表现出积极情绪时，客户也可能会感受到员工的积极情绪；同样的，当客户进入服务场所时，如果客户有积极情绪，这种积极情绪可能会感染到员工，提高员工的积极情绪，使员工在工作中有更多的主动服务客户行为，促进二者的积极互动。因此，员工主动服务客户行为和客户积极行为之间可能存在积极互动螺旋效应。

类似的，护理人员每天的工作都是发生在与客户频繁的人际互动过程中（Liao & Subramony, 2008），护理人员与客户在互动过程中可能存在相互影响的螺旋过程（Groth & Grandey, 2012），出现"越来越差"和"越来越好"现象，即消极互动螺旋效应和积极互动螺旋效应。例如，当客户认为护理人员的服务不积极、不能满足客户预期，可能会产生一些消极的反应（例如，不满意、失望等），导致客户出现一些消极的行为反应（例如，抱怨、辱骂等）；而客户的这些行为可能使护理人员认为遭受到客户欺凌，引发护理人员的消极反应（例如，消极情绪），导致护理人员的消极服务行为（例如，员工破坏行为）；在这个过程中，护理人员的消极服务又会让客户对服务不满意，导致护理人员与客户在互动过程中的关系"越来越差"。相反，护理人员与客户在互动过程中，也可能存在"越来越好"的现象。近年来，研究者也逐渐开始从积极的视角关注护患关系，强调客户也可能成为护理人员服务交互过程中的合作者，探讨了客户支持和客户感恩对员工情绪的积极影响（Converso et al., 2015）。因此，当护理人员服务能有效满足客户需求、提高客户满意度时，客户也可能会表现出客户支持、客户感恩等积极行为；而护理人员感受到的客户支持，可能会促进护理人员的积极工作体验，进而提高其主动服务客户行为；在这个过程中，护理人员的主动服务客户行为又可以让客户感受到护理人员的积极服务，使护理人员与客户在互动过程中的关系"越来越好"。

总之，在服务交互过程中，员工通过主动服务行为为客户提供良好的服务，有效满足客户需求，提高客户满意度。在这一过程中表达对客户的角色期待，能促使客户对员工表现出更多的感谢和夸奖，表现出客户支持；而客户支持让员工感受到客户主动参与服务交互的意愿，客户对员工的积极角色期待不仅提高了员工为客户提供良好服务的信心，让员工感受到工作的价值，也让员工能有更多的机会、时间和资源去表现主动服务客户行为。基于此，提出本研究假设：

假设1：员工主动服务客户行为正向预测一段时间之后的客户支持。

假设2：客户支持正向预测一段时间之后的员工主动服务客户行为。

本研究理论模型示意见图5-1。

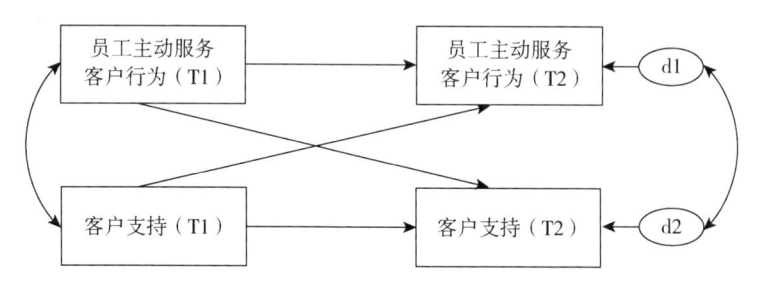

图5-1 本研究理论模型示意

二 研究方法

(一) 研究样本和程序

本研究以我国某医院护士为研究对象,采用纵向研究设计,分两个阶段收集数据,时间间隔为3个月。客户支持和员工主动服务客户行为量表都分别测量了两次。在时间T1,一共发放问卷400份,回收问卷372份,有效问卷355份。3个月后时间T2,一共发放问卷360份,回收问卷345份,有效问卷320份。通过员工工作的科室和两次填写的电话号码进行匹配,最终匹配有效问卷247份。其中,男性15人,女性232人,占93.93%;受教育程度以专科和大学本科(243人,占98.38%)为主;职称以护士、护师和主管护师为主(239人,占96.76%);员工的平均年龄为30.00岁($SD=5.42$),在目前的组织平均工作了7.89年($SD=6.38$)。

(二) 测量

1. 员工主动服务客户行为

采用研究一中开发的护理人员主动服务客户行为量表进行测量,共6个条目,如"我能主动觉察和发现患者关注的问题,并及时帮助患者解决"。采用员工自我报告的方式,要求员工根据工作中的真实情况进行回答,采用李克特7级评分,从1(非常不同意)到7(非常同意)。在本研究中,该量表的Cronbach's α系数为$\alpha_{T1}=0.89$,$\alpha_{T2}=0.93$。

2. 客户支持

采用Zimmermann等(2011)编制的客户支持量表。为了适合医疗行业情境,将量表中"客户"改成"患者",共5个条目,如"患者愿意配合我的工作"。采用员工自我报告的方式,要求员工根据工作中的真实情况进行回答,采用李克特5级评分,从1(非常不同意)到5(非常同意)。在本研究中,该量表的Cronbach's α系数为$\alpha_{T1}=0.86$,$\alpha_{T2}=0.80$。

3. 控制变量

控制变量包括:员工受教育程度、组织任期和职称。

(三) 统计分析

为了检验交叉滞后的影响,按照前人研究对互惠效应的检验方法,在 Amos 21 软件中采用结构方程模型(SEM)对假设进行检验(Lian et al.,2014)。主要分为以下三步:(1) 由于每个变量都进行了两次测量,在假设检验之前,对两次测量的变量进行等同性(measurement equivalence/invariance)检验,确保两次测量的客户支持和员工主动服务客户行为的因素构念在两个时间点内没有发生变化(Lian et al.,2014)。

(2) 在确保变量等同后,对结构模型进行检验,结构模型示意见图 5-2。在测量模型中,每个潜变量都有一些测量指标。我们参考 Lian 等(2014)的程序来检验客户支持与员工主动服务客户行为之间的因果关系。在模型中,①将时间 1 的两个潜变量之间设置为相关,时间 2 的两个潜变量的误差项设置为相关;②时间 1 的潜变量预测时间 2 的同一个潜变量;③时间 1 的潜变量与时间 2 的潜变量之间有因果关系,时间 1 的客户支持对时间 2 的员工主动服务客户行为有交叉滞后效应,反之,时间 1 的员工主动服务客户行为对时间 2 的客户支持也有交叉滞后效应。在交叉滞后的面板数据中,控制了稳定效应后,检验两个变量之间的因果关系。根据 Hu 和 Bentler(1999)的模型拟合标准,主要对比 CFI(comparative fit index,相对拟合指数)和 SRMR(standardized root-mean-square residual,标准化残差均方根),如果 CFI 大于 0.95,SRMR 小于 0.01,则认为模型拟合良好。

(3) 通过控制前一级变量的水平,交叉滞后面板数据排除了稳定的第三变量(例如,年龄、性别以及其他稳定的个体差异因素),但是交叉滞后效应的效应量可能会受到非稳定的第三变量的影响(例如,社会期望)。因此,为了排除潜在的非稳定的第三变量的作用,我们将对共同因子模型(a common factor model)进行检验(Link & Shrout,1992),见图 5-3。对比共同因子模型和交叉滞后结构模型的拟合度,说明变量之间的关系是否被同一因子解释(Lang,

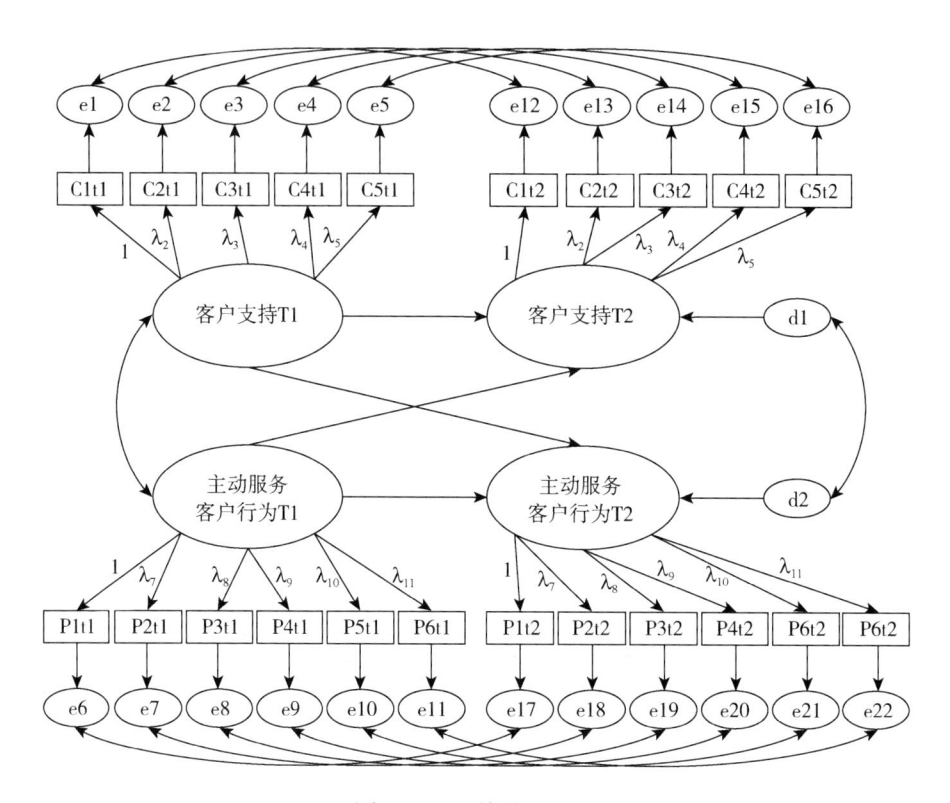

图 5-2 结构模型示意

注：T1 = 时间 1，T2 = 时间 2；C1t1、C2t1、C3t1、C4t1、C5t1 = 在时间 1 测量的客户支持的条目；C1t2、C2t2、C3t2、C4t2、C5t2 = 在时间 2 测量的客户支持的条目；P1t1、P2t1、P3t1、P4t1、P5t1、P6t1 = 在时间 1 测量的员工主动服务客户行为的条目；P1t2、P2t2、P3t2、P4t2、P5t2、P6t2 = 在时间 2 测量的员工主动服务客户行为的条目；e1 – e22 = 条目的误差变异；d1 = 时间 2 的客户支持的误差变异；d2 = 时间 2 的员工主动服务客户行为的误差变异。

Bliese，Lang，& Adler，2011）。考虑到两个模型是非嵌套的，我们将采用 AIC（Akaike's information criterion，赤池信息量准则）来对比两个模型，AIC 更小的模型拟合得更好（Lian et al.，2014）。

三 研究结果

（一）描述性统计分析

表 5-1 呈现了各变量之间的相关关系。时间 1 和时间 2 的客户

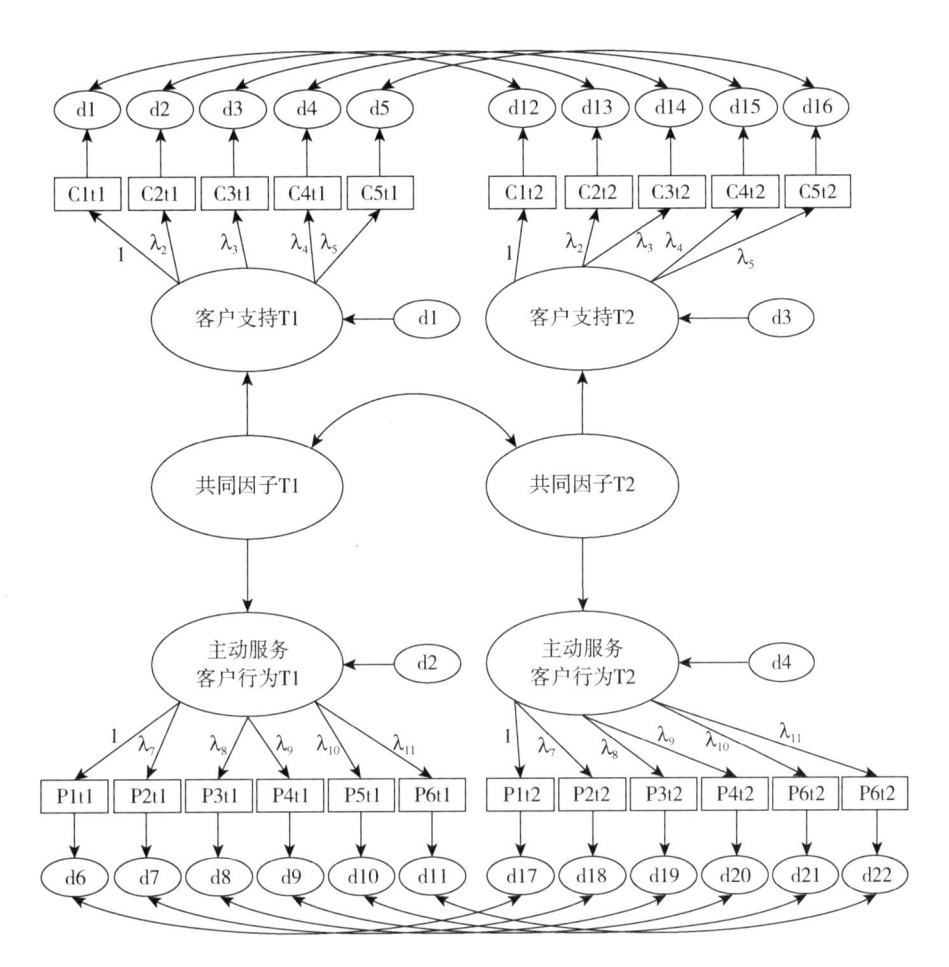

图 5-3 共同因子模型示意

注：T1 = 时间 1，T2 = 时间 2；C1t1、C2t1、C3t1、C4t1、C5t1 = 在时间 1 测量的客户支持的条目；C1t2、C2t2、C3t2、C4t2、C5t2 = 在时间 2 测量的客户支持的条目；P1t1、P2t1、P3t1、P4t1、P5t1、P6t1 = 在时间 1 测量的员工主动服务客户行为的条目；P1t2、P2t2、P3t2、P4t2、P5t2、P6t2 = 在时间 2 测量的员工主动服务客户行为的条目；e1 – e22 = 条目的误差变异；d1 – d4 = 潜变量误差。

支持（$r = 0.39$，$p < 0.001$）、员工主动服务客户行为（$r = 0.42$，$p < 0.001$）呈现出了较高的跨时间稳定性。时间 1 和时间 2 的客户支持与时间 1 和时间 2 的员工主动服务客户行为均呈显著正相关。

表5-1　　　　　　　　研究变量的平均值、标准差与相关矩阵

	平均值	标准差	客户支持 T1	员工主动服务客户行为 T1	客户支持 T2	员工主动服务客户行为 T2
客户支持 T1	3.86	0.64	—			
员工主动服务客户行为 T1	5.75	0.78	0.50***	—		
客户支持 T2	3.83	0.54	0.39***	0.36***	—	
员工主动服务客户行为 T2	5.57	0.93	0.34***	0.42***	0.50***	—

注：***表示 $p<0.01$，T1=时间1，T2=时间2。

（二）测量等同性检验

根据 Vandenberg 和 Lance（2000）的建议，我们采用多组验证性因子分析（multigroup confirmatory analysis，MGCFA）分别检验客户支持和员工主动服务客户行为在两个时间点的等同性。首先，采用结合概率检验客户支持，将条目的变异和协方差设置为相关。结果发现模型拟合良好 [$\chi^2(29)=49.92$，$p=0.009$；SRMR=0.02；CFI=0.98]，说明两个时间点测量的客户支持没有测量变异，不需要进一步进行等同性（ME/I）检验。类似的，对员工主动服务客户行为进行检验，结果发现模型拟合良好 [$\chi^2(31)=116.83$，$p<0.001$；SRMR=0.05；CFI=0.97]，说明两个时间点测量的员工主动服务客户行为没有测量变异，不需要进一步进行等同性（ME/I）检验。

（三）结构模型检验

通过 Amos 21.0 软件对数据模型（如图5-2）进行分析，结果发现模型拟合良好 [$\chi^2(192)=325.27$，$p<0.001$；SRMR=0.041；CFI=0.96；AIC=447.27]。为了更加清晰地显示研究结果，图5-4省略了条目的因子载荷和协方差。控制客户支持（$\beta=0.27$，$p<0.01$）和员工主动服务客户行为的稳定性（stability）（$\beta=0.33$，$p<0.01$），客户支持对员工主动服务客户行为的滞后效应显著（$\beta=0.33$，$p<0.05$），假设1得到验证；员工主动服务客户行为对客户支

持的滞后效应显著（β=0.11，p<0.05），假设2得到验证。

然后通过 Amos 21.0 对共同因子模型（如图5-3）进行检验，通过对比发现，交叉滞后模型的拟合性（AIC=447.27）比共同因子模型的拟合性［χ^2（193）=327.30，p<0.001；SRMR=0.043；CFI=0.96；AIC=447.30］更好。这一结果增强了滞后效应模型中的因果假设的检验效力。

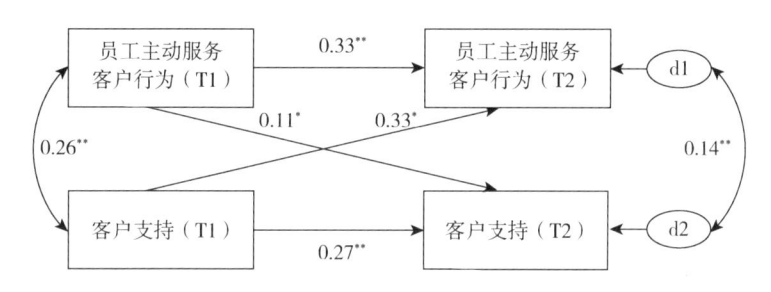

图5-4 交叉滞后模型结果

注：*表示p<0.05，**表示p<0.01。

四 讨论

目前，在服务型企业的发展中，不仅需要员工表现出主动服务客户行为，更需要员工持续地表现出主动服务客户行为，研究者也呼吁我们进一步探讨员工持续表现主动服务客户行为的机制（Strauss & Parker，2014）。本研究通过间隔3个月的面板数据，直接检验员工主动服务客户行为与客户支持之间的互动螺旋效应。具体来说，本研究有两个主要目的：第一，检验客户—员工互动的过程中是否存在相互影响。第二，解释员工为何持续表现出主动服务客户行为。

研究结果发现，在控制了基线水平的相关变量后，员工主动服务客户行为对客户支持存在交叉滞后影响，客户支持对员工主动服务客户行为也存在交叉滞后影响。研究假设得到了验证，支持了社会互动理论中互动双方存在相互影响的基本内容，说明客户与员工在互动过程中存在互动螺旋效应。员工主动服务客户行为可以促进客户支持,而客户支持又可以激发员工表现出更多的主动服务客户行为,形成客户—员工互动过程中的良性循环,促进员工持续地表现出主动服务客户行为。

尽管本研究首次通过间隔 3 个月的纵向数据,检验了员工主动服务客户行为与客户支持在客户—员工互动过程中的关系,为员工主动服务客户行为的研究提供了新的视角。但本研究也存在一些局限和不足。首先,与其他纵向研究一样,对间隔时间的选取是否合适没有进行检验,不能说明在探讨因果关系时需要间隔多长时间,或者这种因果效果能持续多长时间(Harter, Schmidt, Asplund, Killham, & Agrawal, 2010)。其次,本研究发现在间隔 3 个月的时间里,员工主动服务客户行为与客户支持之间存在互动螺旋效应。但由于客户的流动性,未来研究可以在间隔较短时间内再次检验是否存在这一互动螺旋效应。

第二节 研究八:短期互动螺旋研究

一 研究目的与研究假设提出

本研究的目的是,采用间隔 1 周的纵向数据,考察员工主动服务客户行为与客户支持之间的互动螺旋效应。

尽管研究七已经在间隔较长的时间内检验了员工主动服务客户行为和客户支持的互动螺旋效应,但由于客户的流动性,在间隔较短时间内是否存在这一互动螺旋效应还需要进一步检验。因此,研究八将进一步采用间隔 1 周的纵向数据,考察员工主动服务客户行为与客户支持之间的积极互动螺旋效应。

在较短的时间间隔内,员工主动服务客户行为也能通过提高客户满意度,表达对客户行为的积极期待,促进客户积极参与服务,表现出客户支持。反过来,客户支持也能让员工有更高的能力、资源和意愿去主动为客户提供服务。基于此，提出本研究假设：

假设1：在间隔较短时间内，员工主动服务客户行为正向预测一段时间之后的客户支持。

假设2：在间隔较短时间内，客户支持正向预测一段时间之后的员工主动服务客户行为。

本研究理论模型见图5-5。

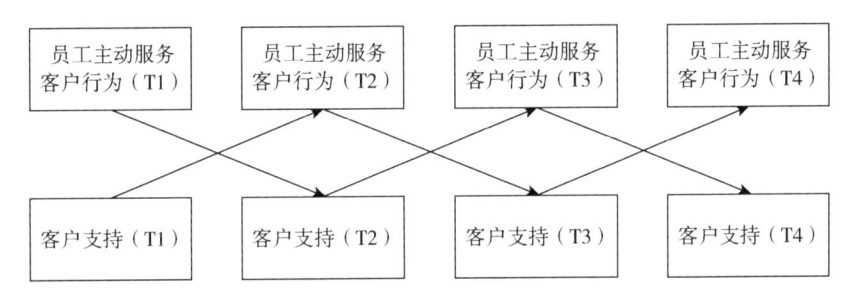

图5-5 研究八的理论模型

二 研究方法

（一）研究样本和程序

本研究以我国某医院护士为研究对象，采用纵向研究设计，分四个阶段收集数据，时间间隔为1周。调查开始前，研究者与医院护理部工作人员进行协商，确定要调查的科室和科室员工的名单，以便进行四次调查数据的匹配。在四次测量中均测量客户支持和员工主动服务客户行为。在时间1，一共发放问卷180份，回收有效问卷172份。在一周后的时间2，给在时间1填写问卷的172名被试发送第二次问卷，回收有效问卷156份。在一周后的时间3，给在时间2填写问卷的156名被试发送第三次问卷，回收有效问卷138份。又在一周后的时间4，给在时间3填写问卷的138名被试发送第四次问卷，回收有效问卷129份，最终匹配有效问卷129份。其中，男性3人，女性126人；受教育程度以专科和大学本科为主（125人，占96.90%）；职称以护士、护师和主管护师为主（121人，占93.80%）。

员工的平均年龄为28.87岁（SD=5.68），在目前的组织平均工作了6.90年（SD=6.16）。

（二）测量

1. 员工主动服务客户行为

采用研究一中开发的护理人员主动服务客户行为量表进行测量，共6个条目，如"我能主动觉察和发现患者关注的问题，并及时帮助患者解决"。采用员工自我报告的方式，要求员工根据工作中的真实情况进行回答，采用李克特7级评分，从1（非常不同意）到7（非常同意）。在本研究中，该量表的Cronbach's α系数为$α_{T1}=0.95$，$α_{T2}=0.92$，$α_{T3}=0.94$，$α_{T4}=0.90$。

2. 客户支持

采用Zimmermann等（2011）编制的客户支持量表。为了适合医疗行业情境，将量表中的"客户"改成"患者"，共5个条目，如"患者愿意配合我的工作"。采用员工自我报告的方式，要求员工根据工作中的真实情况进行回答，采用李克特5级评分，从1（非常不同意）到5（非常同意）。在本研究中，该量表的Cronbach's α系数为$α_{T1}=0.91$，$α_{T2}=0.85$，$α_{T3}=0.88$，$α_{T4}=0.88$。

3. 控制变量

控制变量包括员工受教育程度、组织任期和职称。

三 研究结果

（一）描述性统计分析

表5-2呈现了各变量的平均数、标准差及各变量之间的相关关系。结果显示在不同时间点测量的员工主动服务客户行为与客户支持均呈显著正相关；在不同时间点测量的员工主动服务客户行为也呈显著正相关；在不同时间点测量的客户支持也呈显著正相关，说明各变量呈现较高的跨时间稳定性。

表 5-2　各变量的平均数、标准差与相关矩阵

	平均数	标准差	受教育程度	组织任期	职称	客户支持 T1	主动服务客户行为 T1	客户支持 T2	主动服务客户行为 T2	客户支持 T3	主动服务客户行为 T3	客户支持 T4	主动服务客户行为 T4
受教育程度	—	—	—										
组织任期	6.90	6.16	0.13	—									
职称	—	—	0.31***	0.82***	—								
客户支持 T1	3.80	0.63	−0.04	0.12	0.03	—							
主动服务客户行为 T1	5.06	1.24	−0.09	0.10	−0.01	0.74***	—						
客户支持 T2	3.80	0.59	0.06	0.16	0.16	0.71***	0.70***	—					
主动服务客户行为 T2	5.10	1.06	0.08	0.11	0.04	0.61***	0.68***	0.67***	—				
客户支持 T3	3.80	0.61	0.09	0.10	−0.01	0.54***	0.52***	0.52***	0.55***	—			
主动服务客户行为 T3	5.15	1.13	0.01	0.14	0.09	0.55***	0.68***	0.55***	0.66***	0.74***	—		
客户支持 T4	3.91	0.60	−0.09	0.08	0.01	0.56***	0.54***	0.59***	0.50***	0.55***	0.51***	—	
主动服务客户行为 T4	5.23	0.97	−0.03	0.10	0.02	0.48***	0.70***	0.56***	0.58***	0.54***	0.62***	0.63***	

注：*** 表示 $p < 0.001$，T1 = 时间 1，T2 = 时间 2，T3 = 时间 3，T4 = 时间 4。

(二) 假设检验

采用自回归交叉滞后模型处理员工主动服务客户行为和客户支持随时间变化的关系。结构模型和结果见图 5-6。在模型中，①将时间 1 的两个变量之间设置为相关；②前一时间段的每个变量预测后一时间段的同一个变量（包含前一时间段的员工主动服务客户行为预测后一时间段的员工主动服务客户行为；前一时间段的客户支持预测后一时间段的客户支持）；③前一时间段的变量与后一时间的变量之间有因果关系，包含前一时间段的员工主动服务客户行为对后一时间段的客户支持有交叉滞后效应；前一时间段的客户支持对后一时间段的员工主动服务客户行为也有交叉滞后效应。

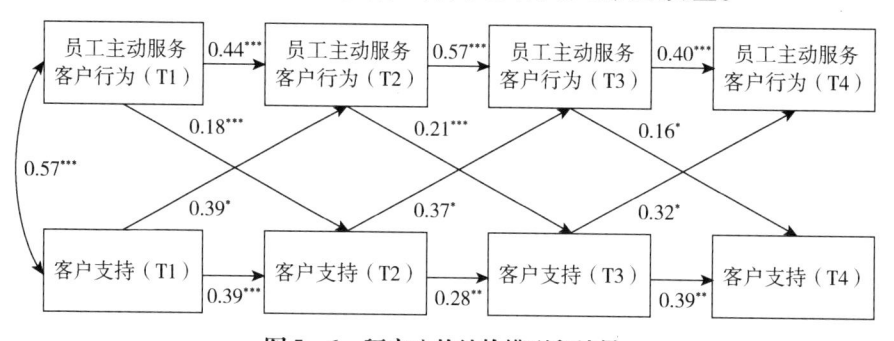

图 5-6　研究八的结构模型和结果

注：* 表示 $p<0.05$，** 表示 $p<0.01$，*** 表示 $p<0.001$。

通过 Mplu7.0 软件对数据模型（如图 5-6）进行分析，结果发现控制客户支持（T1）（$\beta=0.39$，$p<0.001$）和员工主动服务客户行为（T1）的稳定性（stability）（$\beta=0.44$，$p<0.001$），员工主动服务客户行为（T1）显著正向预测客户支持（T2）（$\beta=0.18$，$p<0.001$），客户支持（T1）显著正向预测员工主动服务客户行为（T2）（$\beta=0.39$，$p<0.05$）；控制客户支持（T2）（$\beta=0.28$，$p<0.01$）和员工主动服务客户行为（T2）的稳定性（$\beta=0.57$，$p<0.001$），员工主动服务客户行为（T2）显著正向预测客户支持（T3）（$\beta=0.21$，$p<0.001$），客户支持（T2）显著正向预测员工主动服务客户行为（T3）（$\beta=0.37$，$p<0.05$）；控制客户支持（T3） （β=0.39，p<0.01）和员工主动服务客户行为（T3）的稳定性（β=0.40，p<0.001），员工主动服务客户行为（T3）显著正向预测客户支持（T4）（β=0.16，p<0.05），客户支持（T3）显著正向预测员工主动服务客户行为（T4）（β=0.32，p<0.05）。因此，假设1和假设2都得到了验证，说明员工主动服务客户行为与客户支持之间存在积极互动螺旋效应。

四 讨论

本研究通过129名员工间隔1周的四次数据探讨了员工主动服务客户行为与客户支持的互动螺旋效应。研究结果发现在间隔较短的时间内，员工主动服务客户行为能正向预测下一阶段的客户支持，客户支持也能正向预测下一阶段的员工主动服务客户行为。这与研究七的结果一致，说明客户—员工在互动过程中，员工主动服务客户行为与客户支持之间存在积极的互动螺旋效应。这一结果进一步说明了客户—员工互动中积极螺旋效应的稳健性。

第三节 本章小结

本章包含两个研究，研究七和研究八分别通过间隔3个月的两次纵向数据和间隔1周的四次纵向数据探讨了员工主动服务客户行为与客户支持之间的互动螺旋效应。在第三章的研究结果中，我们可以发现员工主动服务客户行为正向预测客户支持，客户支持也正向预测员工主动服务客户行为。尽管理论和实证研究都认为员工主动服务客户行为与客户支持之间可能存在互动螺旋效应，但这一效应还需要通过纵向研究进一步验证。因此，本章通过两个纵向研究对这一现象进行了检验，结果发现在较短时间间隔和较长的时间间隔中，员工主动服务客户行为对客户支持都有滞后的正向预测作用，客户支持对员工主动服务客户行为都有滞后的正向预测作用，这一结果说明客户与员工之间存在积极互动螺旋效应。

本章研究的贡献主要体现在以下几个方面：首先，从理论上来说，本章研究结果不仅整合了员工视角和客户视角的研究，更把握了当前员工与客户研究的一大前沿，即探讨客户—员工互动过程中动态变化的本质（Groth & Grandey，2012）。与以往研究中普遍将员工行为和客户行为视为稳定不变的行为状态相比，本章研究构建的客户—员工互动螺旋模型不仅能更加系统地探索员工与客户在服务过程中的双向作用，也为我们理解客户—员工关系提供了新的视角，有助于更加全面地构建客户—员工互动理论框架，完善和丰富现有研究内容，进一步推动客户—员工互动的研究。

其次，本章研究为员工持续表现出主动服务客户行为提供了理论解释。虽然在企业管理中，不仅需要员工主动服务客户行为，更需要员工持续表现出主动服务客户行为，而目前的研究不能对这一问题进行解释。本章研究在前人研究基础上，引入社会互动理论，说明员工在与客户的频繁互动中，员工主动服务客户行为会促进客户支持，进一步提高员工主动服务客户行为，使员工持续表现出主动服务客户行为。这一研究不仅顺应了前人的呼吁，也为促进员工持续表现出主动服务客户行为提供了依据。

最后，本章的两个研究首次检验了员工主动服务客户行为与客户支持的互动螺旋效应，不仅说明了员工主动服务客户行为的重要作用，也揭示了积极客户—员工互动的构建过程，对组织管理也具有一定的指导意义。第一，本章研究发现员工主动服务客户行为可以促进客户支持，从而进一步提高员工的主动服务客户行为。因此，组织可以呼吁员工主动为客户提供良好服务，不仅可以帮助员工更好地完成工作，也可以在工作过程中与客户建立良好的互动关系，使员工在工作中有更好的体验。第二，员工通过主动服务客户行为，可以促进客户—员工积极互动关系的建立。积极的客户—员工互动不仅有助于提高客户满意度，而且对一线服务人员的身心健康和工作满意度也有重要作用，这从客户、员工和组织三个层面揭示了构建积极客户—员工互动螺旋的必要性和重要性。因此，组织可以在客户—员工互动过程中，通过相应的干预方案，促进员工主动服务客户行为与客户支持的互动螺旋的发生，满足当下服务行业在实践中的管理需求。

尽管本章研究有一定的理论和实践贡献，但是也存在一些局限和不足。首先，本章研究中的数据都是来自员工自我报告。尽管共同因子模型的结果可以减少共同因子偏差的影响（Link & Shrout, 1992），而且由于员工在工作中需要与多名客户进行互动，用员工自评的、感受到的客户支持可能也比较合适，但是未来研究可以尝试收集多来源的数据，例如，采用客户—员工—领导多方评估的方式。其次，本研究结果可能与时间间隔相关，但与其他纵向研究一样，还没有理论对间隔时间的选取进行探讨。因为目前还没有研究说明在探讨因果关系时需要间隔多长时间，或者这种因果效应能持续多长时间（Harter et al., 2010）。但本章研究发现在间隔较短的时间（1周）内和在间隔较长的时间（3个月）里，员工主动服务客户行为与客户支持之间都存在互动螺旋效应。这一结果进一步说明了客户—员工互动中螺旋效应的稳健性，但未来研究仍然可以对这一现象进行更加深入的探讨。最后，在客户—员工互动过程中，员工主动服务客户行为与客户支持之间存在互动螺旋效应发生的机制还需要进一步探索。例如，客户支持对员工主动服务客户行为的影响过程可能是通过影响员工的主动动机状态来实现的，未来研究需要进一步对这一过程的影响机制进行探讨。

综上，本章包含两个研究，研究七和研究八分别通过间隔3个月的两次纵向数据和间隔1周的四次纵向数据探讨了员工主动服务客户行为与客户支持之间的互动螺旋效应。得出如下结论：

（1）在较长时间内，员工主动服务客户行为对客户支持有滞后的正向预测作用；

（2）在较长时间内，客户支持对员工主动服务客户行为有滞后的正向预测作用；

(3）在较短时间内，员工主动服务客户行为对客户支持有滞后的正向预测作用；

（4）在较短时间内，客户支持对员工主动服务客户行为有滞后的正向预测作用。

第六章

员工主动服务客户行为的干预研究

虽然以上研究在客户—员工互动视角下探讨了员工主动服务客户行为发生机制,但目前研究还未就如何在管理实践中开展干预来提高员工主动服务客户行为进行探讨。根据研究五、研究六、研究七和研究八的结果,促进员工主动服务客户行为的干预方案可以从以下两个角度展开:第一,对员工如何在工作中表现出主动服务客户行为进行直接培训。虽然这一传统的干预方法可能有效提高员工主动服务客户行为,但这一个过程需要大量的人力和物力,忽略了员工主动服务客户行为的发生过程。第二,从客户支持方面进行干预。虽然在实践当中很难直接针对客户进行干预,但管理者可以根据这一行为发生过程中员工社会分享的作用,从加强员工对客户支持的社会分享的角度,开发并实施"每日分享"干预方案。

第一节 研究九:基于"每日分享"的干预研究

一 研究目的与研究假设提出

本研究的目的是,采用准实验设计,考察"每日分享"干预方案对员工主动服务客户行为的影响。

在团队中,客户支持对于一线服务人员来说,是客户对其服务表现的肯定,也是其服务成功的表现,是员工在工作过程中的一种成功体验。研究五的结果说明客户支持可以通过员工的社会分享和主动动机状态来影响员工主动服务客户行为。因此，当员工在工作中对客户支持进行社会分享时，能提高员工主动动机状态和主动服务客户行为。

此外，在团队中对客户支持的社会分享不仅对员工个人有积极影响，也可能对团队中其他成员有积极作用。首先，在团队中与他人分享积极体验，不仅为员工个人创造了重温和再体验积极事件的机会，对于团队其他成员来说，也是一种替代性的成功经验。根据自我效能感理论，不论是员工自身的成功经验还是其他成员的替代性经验，都能提高其自我效能感。其次，在一线服务人员与客户的互动中，当员工分享客户支持时，可以让其他员工也认为客户对他们团队的服务很满意，提高员工自尊（Beach & Tesser，1995；Tesser et al.，1988）和自我评价（Leary & Baumeister，2000），让员工体会到工作的价值和意义。最后，分享积极事件会带来更多的积极情绪体验，这种积极情绪的提升超越了积极事件本身带来的积极情绪（Gable et al.，2006），而且其他员工也会在这个过程中受到积极情绪的感染，提高其积极情绪。

结合研究五中对社会分享、员工主动动机状态和员工主动服务客户行为的论述，在"每日分享"活动中，当员工更多地分享客户支持时，不仅能提高员工个人的主动动机状态和主动服务客户的行为，也能促进团队员工主动动机状态，促使团队员工更多地表现出主动服务客户行为。因此，在团队中当员工对客户支持进行更多的分享时，团队员工可能会表现出更多的主动服务客户行为。基于此提出：

假设1：客户支持的社会分享干预对团队员工干预期间的主动服务客户行为有显著预测作用。

假设2：客户支持的社会分享干预对团队员工干预期间的主动动机状态（角色宽度自我效能感、工作意义感和积极情绪）有显著预测作用。

基于员工主动服务客户行为对客户满意度的影响，当团队中员工表现出更多的主动服务客户行为时，客户对团队的整体满意度也会有整体提高。因此，我们提出：

假设3：客户支持的社会分享干预对干预期间的客户满意度有显著预测作用。

二 研究方法

（一）研究设计

1. 干预整体设计介绍

本研究采用准实验设计，整体研究设计见表6-1。整体干预研究包括两个主要任务：任务1的目的在于筛选参与研究的科室，将科室分为干预组和对照组。任务2的目的在于对干预组护士进行"每日分享"干预，对控制组护士不作干预。

表6-1　　　　"每日分享"干预研究的整体设计

任务目的	被试	前测	干预	后测
任务1	某医院的5个科室，所有护理人员	筛选科室，干预分析	—	—
任务2	A科室护理人员（干预组）	A科室护理人员T1	对护理人员进行干预	A科室护理人员T2
	B科室护理人员（对照组）	B科室护理人员T1	无任何处理	B科室护理人员T2

2. 干预组和对照组的筛选标准和筛选过程

干预组和对照组的筛选标准主要有以下两点：第一，科室领导的支持和配合程度。在团队中进行"每日分享"活动需要领导的支持和配合，当领导鼓励员工在团队中进行分享时，员工才可能在团队中进行分享。此外，当员工的分享能获得相应的积极回应时，才能给员工带来积极作用（Gable et al., 2004）。因此，领导的支持对员工在团队中进行社会分享能否取得有效结果发挥着重要的作用。

第二，干预组和对照组在干预之前客户支持的程度。选取有中等程度客户支持的团队，当团队中客户支持很少时，员工可能很难进行"每日分享"。

以湖北省某医院的5个科室护理人员为对象进行问卷调查,单因素方差分析显示,五个科室员工的社会分享行为之间无显著差异（F = 0.33, p = 0.86）,员工主动服务客户行为也无显著差异（F = 0.13, p = 0.97）,具体结果见表6-2。由此可知,五个科室中员工均可作为干预组或对照组参与研究。由于科室3和科室5的护士长对本研究的干预方案和理念非常认同,有强烈的意愿参与本研究,因此我们选择科室3作为干预组,科室5作为对照组。

表6-2　　　　　　　　　　　科室的筛选

	科室1	科室2	科室3	科室4	科室5
社会分享	3.11	3.01	3.10	3.04	3.01
员工主动服务客户行为	5.65	5.69	5.81	5.96	5.72
总人数（人）	20	20	20	21	20

3. 干预组与对照组的参与者

参与干预研究的包括科室3的全部护理人员20人,受教育程度以专科和大学本科（18人,占90.00%）为主,员工的平均年龄为28.75岁（SD = 5.25）,在目前的组织平均工作了7.65年（SD = 5.39）。参与对照研究的包括科室5的全部护理人员20人,受教育程度以专科和大学本科（17人,占85.00%）为主,员工的平均年龄为30.30岁（SD = 5.63）,在目前的组织平均工作了8.88年（SD = 6.43）。

4. 干预组与对照组的客户

采用分级嵌套结构的方式收集干预组和对照组科室中客户（患者）的信息。通过医院每个月对客户进行的回访活动,对干预组和对照组科室中住院患者满意度进行测量。在研究开始之前的一个月,对干预组124名客户,对照组100名客户满意度进行调查;在干预结束后,对这一个月中干预组的104名客户、对照组的127名客户满意度进行调查。

（二）基于客户支持社会分享的干预内容介绍

1. 干预方案——"每日分享"

第一，对护士长进行宣讲：①开展"每日分享"活动的目的；②开展"每日分享"活动的过程；③请护士长在科室内组织"每日分享"活动。

第二，"每日分享"具体内容：借医院文化建设的契机，通过护士长的宣传和讲解，鼓励科室护理人员在每天早上的晨会和科室微信群里面分享自己体验的客户支持或者看到的客户支持。持续一个月的时间。

2. 程序或干预过程

根据科室的筛选标准，选择其中的两个科室作为干预组和对照组。然后对干预组科室护士长进行讲解，如何在科室内开展1个月的"每日分享"活动。在开展"每日分享"活动1个月之后，进行问卷后测。

（三）测量

1. 社会分享

采用 Gable 等（2004）编制的社会分享量表，包括4个条目，如，"您与他人分享的频率"该量表采用李克特5级评分，从1（从不）到5（非常频繁）。Baranik 等（2017）也改编此量表用来测量员工一段时间的社会分享。在本研究中，该量表的 Cronbach's α 系数为0.72。

2. 员工主动服务客户行为

采用研究一中开发的护理人员主动服务客户行为量表，共6个条目，如"我能主动觉察和发现患者关注的问题，并及时帮助患者解决"。采用员工自我报告的方式，采用李克特7级评分，从1（非常不同意）到7（非常同意）。在本研究中，该量表的 Cronbach's α 系数为0.91。

3. 角色宽度自我效能感

改编自 Parker 等（2006）的角色宽度自我效能感量表，为了适合医疗行业情境,将量表中"客户"改成"患者",共 7 个条目,如"我有能力为我的患者提供良好的护理服务"。采用员工自我报告的方式,采用李克特 5 级评分(1 = 非常不符合,5 = 非常符合)。在本研究中,该量表的 Cronbach's α 系数为 0.85。

4. 工作意义感

采用 Steger 等(2012)编制的工作意义感量表,共 10 个条目,如"对我来说,我的职业是有意义的",采用员工自我报告的方式,采用李克特 5 级评分(1 = 非常不同意,5 = 非常同意)。在本研究中,该量表的 Cronbach's α 系数为 0.96。

5. 积极情绪

采用 Watson 等(1988)编制的积极情感—消极情感量表中的积极情感量表,共 10 个条目,"你在工作中在多大程度上体会到以下情绪?"包括"活跃的""自豪的",采用员工自我报告的方式,采用李克特 7 级评分(1 = 非常不符合,7 = 非常符合)。在本研究中,该量表的 Cronbach's α 系数为 0.92。

6. 客户满意度

采用 Liao 和 Chuang(2004)编制的客户满意度量表,共 3 个条目,将量表中内容修改为适合医疗行业情境的表达,例如"总体来说,我对科室的护士满意"。采用李克特 5 级评分(1 = 非常不同意,5 = 非常同意)。在本研究中,该量表的 Cronbach's α 系数为 0.81。

三 结果

为了了解"每日分享"干预对提高员工主动服务客户行为的效果,本研究对干预组和对照组前后测结果进行差异比较。

(一)干预组、对照组前测差异比较

为了有效测量"每日分享"干预在增加员工主动服务客户行为中的有效性,需要了解干预组和对照组是否属于同质被试。因此,在正式进入"每日分享"干预之前,分析两组被试的主动服务客户行为是否有显著差异,对两组被试进行独立样本 t 检验,结果显示两组被试的主动服务客户行为之间差异不显著（t=0.29，p=0.77），角色宽度自我效能感之间差异不显著（t=-0.64，p=0.53），工作意义感之间差异不显著（t=-1.24，p=0.22），积极情绪之间差异不显著（t=-1.58，p=0.12），说明干预组和对照组被试属于同质被试。

（二）"每日分享"活动的干预效果

1. 对员工主动服务客户行为的影响

为了了解实施"每日分享"干预过程中，干预组和对照组被试在员工主动服务客户行为上的变化差异，对干预组和对照组的改变进行独立样本 t 检验。首先，将干预组的后测得分减去前测得分，所得的分数作为干预组员工主动服务客户行为的变化量；同理，将对照组的后测得分减去前测得分，所得分数作为对照组员工主动服务客户行为的变化量。其次，采用独立样本 t 检验，分析干预组与对照组在员工主动服务客户行为变化量上是否存在显著的差异，结果见表6-3。从表中可以看出员工主动服务客户行为干预组的前后测变化量显著大于对照组的前后测变化量（t=2.37，p=0.023）。

表6-3　　　　干预组和对照组的主动服务客户行为差异比较

	干预组后测（M±SD）	对照组后测（M±SD）	Δ干预组（后测—前测）	Δ对照组（后测—前测）	t（p）
主动服务客户行为	6.62±0.34	5.90±0.65	0.81±0.91	0.18±0.75	2.37*（0.023）

注：*表示 p<0.05。

2. 对员工主动动机状态的影响

为了了解实施"每日分享"干预对员工的影响，对干预组和对照组员工的主动动机状态（角色宽度自我效能感、工作意义感和积极情绪）的变化量进行独立样本 t 检验。首先，将干预组的后测得分减去前测得分，所得的分数作为干预组员工主动动机状态的变化量；同理，将对照组的后测得分减去前测得分，所得分数作为对照组员工主动动机状态的变化量。其次，采用独立样本 t 检验,分析干预组与对照组员工主动动机状态的变化量上是否存在显著的差异,结果见表6-4。员工角色宽度自我效能感干预组的前后测变化量显著大于对照组的前后测变化量(t=2.25,p=0.031),工作意义感干预组的前后测变化量显著大于对照组的前后测变化量(t=2.38,p=0.022),积极情绪干预组的前后测变化量显著大于对照组的前后测变化量(t=4.56,p<0.001)。结果说明"每日分享"干预产生了积极效果,不仅能提高员工主动服务客户行为,对员工自身也有积极作用,提高了员工角色宽度自我效能感、工作意义感和积极情绪。

表6-4　　　　干预组和对照组的员工主动动机状态差异比较

	干预组后测 (M±SD)	对照组后测 (M±SD)	Δ干预组 (后测—前测)	Δ对照组 (后测—前测)	t (p)
角色宽度自我效能感	4.02±0.63	3.74±0.33	0.36±0.60	-0.01±0.46	2.25* (0.031)
工作意义感	4.19±1.25	3.70±0.43	0.56±1.11	-0.09±0.47	2.38* (0.022)
积极情绪	5.92±1.29	4.94±0.90	1.08±1.23	-0.38±0.62	4.56*** (<0.001)

注:*表示p<0.05,***表示p<0.001。

3. 对客户满意度的影响

为了进一步探讨"每日分享"的干预效果,对客户满意度进行分析,结果见表6-5。在干预之前,对干预组和对照组该月的客户满意度进行独立样本t检验,结果发现对照组客户满意度(M=3.85,SD=0.67)与干预组客户满意度(M=3.72,SD=0.71)之间没有显著差异(t=1.43,p=0.16),说明干预之前两组的客户满意度之间没有显著差异。经过1个月的干预之后,对干预组和对照组的客户满意度进行独立样本t检验,结果发现干预组客户满意度(M=4.09,SD=0.57)显著高于对照组客户满意度(M=3.87,SD=0.77)(t=4.27,p<0.01);对对照组前测和后测的客

户满意度进行独立样本 t 检验，结果发现客户满意度之间没有显著差异（t=0.25，p=0.81）；对干预组前测和后测的客户满意度进行独立样本 t 检验，结果发现客户满意度的后测水平显著高于前测水平（t=2.34，p<0.05），说明干预期间，客户满意度得到了显著提高。

表6-5 干预组和对照组的客户满意度比较

	对照组（M ± SD）	n	干预组（M ± SD）	n	t（p）
前测	3.85 ± 0.67	100	3.72 ± 0.71	124	1.43（0.16）
后测	3.87 ± 0.77	127	4.09 ± 0.57	104	2.34*（<0.05）
t（p）	0.25（0.81）		4.27**（<0.01）		

注：*表示 p<0.05，**表示 p<0.01。

四 讨论

本研究采用准实验设计的研究范式，开发"每日分享"干预方案，对护理人员进行干预，旨在通过提高员工的社会分享活动，来提高员工主动服务客户行为。研究发现，相比对照组，干预组员工在主动服务客户行为表现上有显著提升。结果说明在客户—员工互动过程中，通过让员工对客户支持进行更多分享，能有效提高员工主动服务客户行为。同时，结果还发现，在干预过程中，员工主动动机状态（角色宽度自我效能感、工作意义感和积极情绪）也得到了显著提升。这可能是因为提高员工对客户支持的社会分享，能提高员工主动动机状态，进一步促进员工主动服务客户行为的发生。

此外，本研究结果还发现，在干预过程中，客户的整体满意度也得到了显著提升，再次说明了员工主动服务客户行为在提高客户满意度中发挥的积极作用。在团队中开展客户支持的社会分享不仅能提高员工主动服务客户行为，还能对员工和客户产生积极作用，提高员工主动动机状态，提高客户满意度。

这一方法简便有效、生态效度高，为后续干预研究提供了一个新的方向。未来研究还需要对这一干预结果产生的边界调节和中介机制进行进一步探讨。

第二节 本章小结

第六章包含一个研究，研究九采用准实验设计，检验了"每日分享"的干预方案在促进员工主动服务客户行为的有效性，发现员工分享在工作中的客户支持，不仅能促进员工表现出更多的主动服务客户行为，也可以提高员工主动动机状态，提高客户满意度。这一结果说明"每日分享"的干预方案对于组织、员工和客户都有积极作用，为促进企业在市场竞争中的快速发展奠定了良好的基础。

"每日分享"干预方案具有以下优点：首先，此方案简单易行，不需要消耗过多资源，而且可以在日常条件下进行干预，生态效度更高。尤其是随着现代通信工具的普及，团队中都建立了微信群用于团队内成员的沟通交流，这为员工的社会分享提供了有效、便捷的途径。其次，根据研究五的内容，从客户支持社会分享的角度进行干预，可以通过促进员工的主动动机状态，从行为发生过程的角度促进员工主动服务客户行为。根据研究七和研究八的结果，员工主动服务客户行为与客户支持之间存在互动螺旋效应，通过提高员工对客户支持的分享，促进员工主动服务客户行为与客户支持之间互动螺旋的发生，进而促进员工持续表现出主动服务客户行为。最后，在团队中进行社会分享，不仅对员工自身有积极影响，也能对团队中其他成员产生积极影响。

本研究的结果对组织管理也具有一定的指导意义。本研究从理论和实证研究的结果两个方面都说明了"每日分享"干预方案的有效性，因此，组织可以在团队内开展"每日分享"的干预，或者通过多种形式鼓励员工分享工作中的积极事件，例如，开展有奖征文或演讲比赛活动，让员工更广泛地分享在工作中与客户积极互动的过程，提高员工主动动机状态和主动服务客户行为，从而提高客户满意度，满足当下服务行业在实践中的管理需求。

本章的研究九探讨了 1 个月的"每日分享"干预的效果。得出如下结论：

（1）客户支持的社会分享干预对团队员工干预期间的主动服务客户行为有显著预测作用；

（2）客户支持的社会分享干预对团队员工干预期间的主动动机状态（角色宽度自我效能感、工作意义感和积极情绪）有显著预测作用；

（3）客户支持的社会分享干预对干预期间的客户满意度有显著预测作用。

第 七 章
综合讨论

在服务行业快速发展的过程中，提高员工主动服务客户行为是应对激烈竞争和促进企业发展的关键。医疗行业作为新兴服务行业，护理人员主动服务客户行为的价值也受到了广泛的关注。目前，理论研究者和实践管理者都开始关注哪些因素会影响员工主动服务客户行为，如何有效提高并促进员工持续表现出主动服务客户行为。虽然现有理论基于不同视角对员工主动服务客户行为的发生进行了探讨，但对于员工主动服务客户行为的发生过程和如何促进员工持续地表现出主动服务客户行为这两个问题，目前仍然缺乏有效的理论解释，需要从新的视角看待这一问题。在服务交互过程中，一线服务人员在主动服务客户行为发生过程中与客户有着频繁的互动，社会互动理论为从客户—员工互动视角下探讨员工主动服务客户行为提供了理论支撑，体现了员工主动服务客户行为发生过程中人际互动的特点。员工主动服务客户行为作为客户—员工互动过程中员工产生目标和努力实现目标的过程，客户—员工互动的视角不仅有助于从行为发生过程的角度来理解员工主动服务客户行为，而且为探索员工持续表现出主动服务客户行为的机制提供了可能。因此，本书基于社会互动理论和主动动机模型从积极客户—员工互动的视角围绕如何促进员工持续表现出主动服务客户行为开展研究，深入挖掘了客户支持对员工主动服务客户行为的影响机制及二者之间的互动螺旋效应，并在此基础上进行干预研究，为员工持续表现出主动服务客户行为提供解释和干预路径。

围绕上述问题，本书以护理人员为研究对象在第二章到第六章开展了以下九个研究（具体研究内容见图7-1）。通过两个研究对护理人员主动服务客户行为进行初步探索。研究一采用访谈法和问卷调查法探索护理人员主动服务客户行为的内涵与测量方式，回答了"在医疗行业中，护理人员主动服务客户行为是什么"这一问题并编制了护理人员主动服务客户行为量表。研究二以T医院为个案，通过深度访谈，归纳和总结了护理人员主动服务客户行为的作用效果和影响因素，更加全面地回答了"护理人员主动服务客户行为会带来哪些积极的影响，哪些因素会影响员工主动服务客户行为"，为后续量化研究奠定了基础。

第三章旨在了解我国员工主动服务客户行为的现状。研究三通过问卷调查法探讨了员工主动服务客户行为对客户行为的影响，不仅拓展了前人对员工主动服务客户行为作用效果的研究，也回答了"员工主动服务客户行为对客户行为有什么影响"这一问题。研究四通过领导—员工配对的问卷调查从个体、团队和客户三个层面探讨了影响员工主动服务客户行为的因素，将前人研究从关注员工个体因素和组织内部因素拓展到组织外部因素（客户因素），有助于更加全面地了解员工主动服务客户行为的影响因素。

第四章旨在探讨客户支持对员工主动服务客户行为的作用机制。研究五通过日志法检验了社会分享和主动动机状态（自我效能感、工作意义感和积极情绪）在客户支持和员工主动服务客户行为之间的序列中介作用。研究六通过多时间点的领导—员工配对的跨层数据再次验证了员工主动动机状态（角色宽度自我效能感、工作意义感和积极情绪）在客户支持和员工主动服务客户行为之间的中介作用，并且探讨了公仆氛围的调节作用。通过这两个研究回答了"客户支持是否会对员工主动服务客户行为有积极影响，其影响机制又是什么"这一问题。

第五章旨在探讨员工主动服务客户行为与客户支持之间的互动螺旋效应。研究七和研究八分别通过间隔 3 个月和间隔 1 周的纵向数据，检验了员工主动服务客户行为与客户支持的互动螺旋效应，回答了"员工主动服务客户行为与客户支持是否存在交叉滞后的互动螺旋效应，员工如何持续表现出主动服务客户行为"这一问题。

第六章旨在探讨促进员工主动服务客户行为的干预研究。研究九采用准实验设计，开发了"每日分享"的干预方案并检验了该方案促进员工主动服务客户行为的有效性，回答了"如何在组织中运用客户—员工互动的过程来提高员工主动服务客户行为"这一问题，最终满足服务行业中提高员工主动服务客户行为的需求，促进企业在竞争中进一步发展。

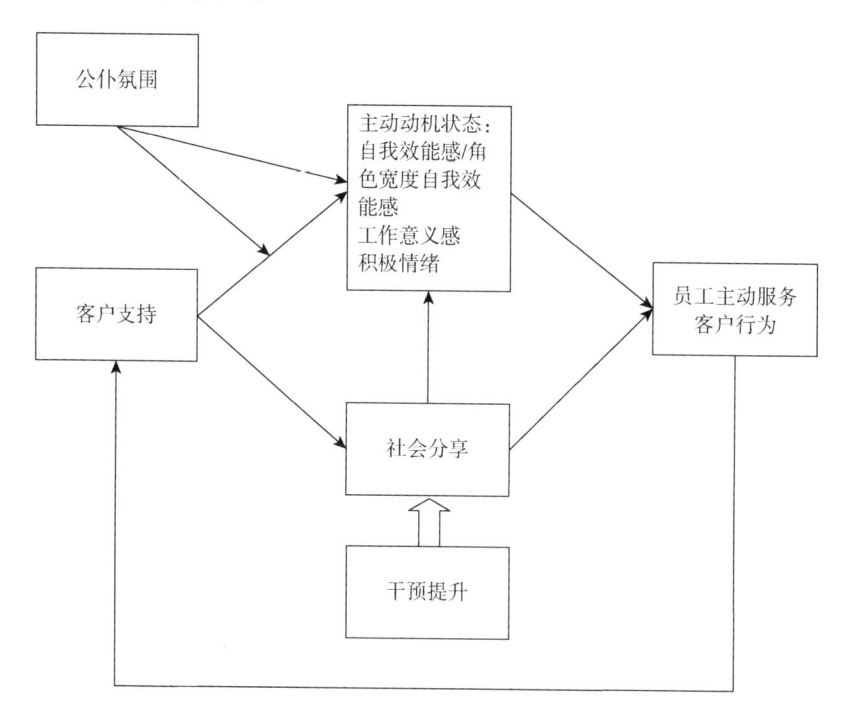

图 7-1　本书研究总结

第一节　护理人员主动服务客户行为的内涵、影响因素和作用效果

目前，研究者主要在传统服务行业，例如餐饮、酒店、银行等行业中对员工主动服务客户行为进行了探讨（Raub & Liao，2012；Chen et al.，2017；Rank et al.，2007），但研究者也呼吁要关注新兴服务行业中员工主动服务客户行为，以拓展员工主动服务客户行为的内涵和外延，检验员工主动服务客户行为的作用效果，促进理论和实践研究者对这一问题的关注（张慧等，2018）。随着医疗改革的深入和医疗行业的发展，越来越多研究者和管理者开始关注护理人员的服务行为，在当前医疗环境下关注护理人员主动服务客户行为具有一定的理论价值与现实意义。

为了全面了解护理人员主动服务客户行为的内涵、影响因素和作用效果，我们开展了两个研究。研究一对27名护理人员进行深度访谈来探索在医疗环境中，员工主动服务客户行为的内涵和测量。研究以扎根理论为基础，编码归纳出27个护理人员主动服务客户行为的关键行为，通过选择性编码和轴向编码形成8个条目问卷，然后对20名护士长完成两轮德尔菲问卷，形成了6个条目的预测量表。与传统服务行业相比，在医疗行业中，护理人员主动服务客户行为除了 Rank 等（2007）的量表中提到的"主动觉察和发现客户关注的问题，并及时帮助客户解决""主动检查客户的需求是否得到满足"等外，还包含了员工对客户心理状态的关心和对客户病情的持续关注，例如"关注患者的心理（例如情绪）状态，并尽可能地采取一些措施去疏导患者的消极情绪，例如安慰、倾听等""在患者出院后，我还会通过一些方式关注患者病情，持续性地为患者提供服务"。由此说明护理人员主动服务客户行为，与一般服务型企业中员工主动服务客户行为的内容有一定的相似之处，但由于行为的情

境依赖性，医疗行业中护理人员主动服务客户行为的表现也有其特殊性，需要我们编制护理人员主动服务客户行为量表。最后，对509名护理人员的预测问卷进行探索性因素分析和验证性因素分析，结果发现编制的问卷具有良好的信度和效度，符合测量要求，形成单维度的6个条目问卷可作为进一步研究的工具。

在理解护理人员主动服务客户行为的内涵和表现之后，为了能在较大程度上解释某一现象出现的环境和条件，加深对行为产生的理解，研究二中选取湖北省某三甲医院为个案研究对象，通过对25名护理人员的深度访谈，探讨员工主动服务客户行为的作用效果和影响因素，以期为相关企业培养员工主动服务客户行为提供理论与实践指导。通过扎根理论的质性研究方法，研究发现：（1）员工主动服务客户行为对组织、客户（患者）和员工自身都有积极作用。与前人在一般服务型企业中关于员工主动服务客户行为的作用效果的研究相一致，护理人员主动服务客户行为对组织有积极影响，能有效提高客户满意度和忠诚度（Raub & Liao，2012）。此外，在医疗行业中，护理人员主动服务客户行为对其客户（患者），在缓解消极情绪和促进病情治疗方面也有积极作用。不仅如此，访谈中还发现员工主动服务客户行为对员工自身也会产生积极影响，例如减少客户消极行为、增加客户支持、提高员工自我效能感等。因此，不论对于组织、客户，还是员工自身，提高员工主动服务客户行为具有重要的作用和意义，再次说明了在医疗行业中关注护理人员主动服务客户行为的重要性。(2) 影响员工主动服务客户行为的4个范畴有：组织层面因素、团队层面因素、个体层面因素和客户因素。不难发现，除了前人研究中总结的组织内部因素和员工个体因素（张慧等，2018），本研究通过访谈发现，对于一线服务人员来说，客户在促进员工主动服务客户行为中也发挥着重要作用，并且客户支持与员工主动服务客户行为之间还可能存在着积极的互动螺旋效应。这一研究结果也说明了需要在客户—员工互动的视角下考察员工主动服务客户行为的发生机制。

由此可以看出，在医疗行业中，护理人员主动服务客户行为对于医院、客户和员工自身都有重要意义，对护理人员主动服务客户行为的探讨具有很强的实践意义。在员工主动服务客户行为的发生机制中，需要我们从客户—员工互动的视角进一步考察客户因素在其中的作用。尤其是客户支持与员工主动服务客户行为之间的关系需要我们通过实证研究进一步挖掘。

第二节 员工主动服务客户行为的现状

为了全面了解我国员工主动服务客户行为的现状，研究二通过质性研究的方法对员工主动服务客户行为的作用效果和影响因素进行了探讨，在第三章中我们进一步通过两个实证研究来探讨我国员工主动服务客户行为对客户行为的影响及其影响因素。首先，前人研究都认为员工主动服务客户行为能有效提高客户满意度，但是员工主动服务客户行为对客户行为有哪些影响还需要我们进一步探讨。因为客户行为也是服务行业中影响员工的重要因素之一（Dong et al., 2015）。研究三的结果发现员工主动服务客户行为不仅能降低客户欺凌，也能促进客户支持。这一结果再次说明了员工主动服务客户行为能有效促进良好的客户—员工关系的形成。

研究四旨在探讨影响员工主动服务客户行为的影响因素。前人研究已经从组织层面、团队层面和个体层面探讨了影响员工主动服务客户行为的因素，但对于服务行业员工来说，客户因素已经成为影响员工行为的重要因素，因此，研究四探讨了个体层面（主动性人格和客户取向观点采择能力）、团队层面（公仆型领导和家庭支持型主管行为）和客户因素（客户支持和客户感恩）对员工主动服务客户行为的影响。本研究不仅从个体层面和团队层面探讨了员工主动服务客户行为的影响因素，也从组织外部因素方面拓展了员工主动服务客户行为的前因，说明除了个体因素和组织内部因素外，组织外部因素中客户行为也会对员工主动服务客户行为产生积极影响。

第三节 客户支持对员工主动服务客户行为的影响机制

在全面理解我国员工主动服务客户行为的现状后，需要我们进一步深入挖掘其影响机制。虽然前人从不同的角度对员工主动服务客户行为的前因机制进行了探讨，但却忽略了员工主动服务客户行为过程中客户参与的特点。根据社会互动理论，客户与员工之间的频繁互动也可能会对员工行为产生影响（Groth & Grandey，2012）。客户已经成为影响员工行为最直接的信息来源（Dong et al.，2015），因此，无论是行为发生过程、理论研究，还是质性研究的结果，都提示我们应该在客户—员工互动的视角下，考察客户支持对员工主动服务客户行为的影响机制。围绕这一目标，我们开展了两个研究来检验客户支持对员工主动服务客户行为的影响机制。研究五（日志法）和研究六（跨层数据）的研究结果发现客户支持对员工主动服务客户行为不仅具有短期效应，而且具有长期效应。这一结果再次说明了需要从客户—员工互动的视角来考察这一行为的产生，客户已经成为影响一线服务员工行为的重要前因（Dong et al.，2015）。

研究五从日常水平说明了社会分享和主动动机状态的序列中介作用。客户支持作为员工工作过程中的积极事件，能促进员工对该行为的社会分享，进一步提高员工主动动机状态，从而提高员工主动服务客户行为。当员工认为自己能做（自我效能感）、愿意做（工作意义感）和有能量做（积极情绪）时，员工更可能进行主动服务客户行为（Parker et al.，2010）。同样的，研究六的结果也发现了主动动机状态在客户支持与员工主动服务客户行为中的中介效应。此外，研究六还发现公仆氛围不仅能通过主动动机状态影响员工主动服务客户行为，也能调节客户支持与主动动机状态之间关系。公仆氛围作为一种支持性的团队氛围，能进一步加强员工目标追求的动机，相比于低的公仆氛围，高公仆氛围下，客户支持与员工主动动机状态（角色宽度自我效能感）的关系更强。本研究从客户—员工互动的视角，将动机刺激匹配的思想整合到主动动机模型中，不仅拓展了员工主动服务客户行为的前因机制，也揭示了客户支持对员工主动服务客户行为作用的边界条件。

研究五和研究六的结果说明，员工主动服务客户行为的产生可能需要团队氛围、客户和员工的共同作用。员工主动服务客户行为需要主动动机状态的维持（Parker et al., 2010），员工持续表现出主动服务客户行为就需要不断补充主动动机状态资源，而这种主动动机状态的来源除了组织和员工个人，还可以通过客户的积极行为来实现。一线服务员工在工作过程中，客户支持和公仆氛围为员工主动服务客户行为的产生提供了来自组织外部和组织内部的目标动机状态。本研究从客户—员工互动的视角，为我们进一步理解客户支持积极作用的短期效应、长期效应及其发生过程提供了依据，丰富和拓展了员工主动服务客户行为的现有研究成果，也为组织中如何促进员工主动服务客户行为提供了理论基础。同时，研究结果也为我们的干预研究提供了方向和基础。

第四节 员工主动服务客户行为与客户支持的互动螺旋效应

在客户—员工互动中，根据社会互动理论和研究二中质性分析的结果，员工主动服务客户行为与客户支持之间可能存在互动螺旋效应。但目前并没有研究对这一过程进行探讨，为员工持续表现出主动服务客户行为提供解释。基于这一问题，需要我们从理论和实证上说明存在这种相互影响。首先，从理论上来说，社会互动理论为客户—员工互动过程中的互动螺旋效应提供了支持；其次，从实证研究的角度，研究三说明了员工主动服务客户行为对客户支持有正向预测作用，研究五和研究六的结果也说明了客户支持对员工主动服务客户行为的积极作用，为员工主动服务客户行为与客户支持之间的互动螺旋效应提供了依据。

当理论和实证研究均说明可能存在这两种方向时，需要通过纵向研究进一步考察二者之间的互动螺旋效应（Mathieu & Taylor, 2006）。研究七和研究八分别通过间隔 3 个月和间隔 1 周的纵向数据对员工主动服务客户行为与客户支持之间的互动螺旋效应进行了检验，结果均发现二者之间存在交叉滞后效应，即前一时间点的员工主动服务客户行为能预测第二时间点的客户支持，同样，前一时间点的客户支持也能有效预测第二时间点的员工主动服务客户行为。员工在与客户互动过程中，员工主动服务客户行为可以促进客户支持，而客户支持又可以激发员工表现出更多的主动服务客户行为，形成客户—员工互动过程中的良性循环，促进员工持续地表现出主动服务客户行为。这一结果说明了客户、员工在互动过程中确实存在相互影响，为员工主动服务客户行为的研究提供了新的视角，对员工持续表现出主动服务客户行为提供了有力的解释。

第五节　"每日分享"干预方案的作用

近年来，虽然研究者从各个角度探讨了员工主动服务客户行为的发生机制，但目前的研究还未对如何在管理实践中开展干预研究进行探讨。从目前其他员工行为的干预研究来看，主要有以下两个方向：一是针对该行为直接开展培训，例如 Hammer、Kossek、Anger、Bodner 和 Zimmerman（2012）对家庭支持型主管行为的培训；二是对影响该行为产生的前因进行培训，例如研究者通过对个体正念的干预来提升员工的工作投入（Fortney, Luchterhand, Zakletskaia, Zgierska, & Rakel, 2013)。因此，结合以上研究内容，促进员工主动服务客户行为的干预方案可以从以下两个角度展开：第一，直接对员工主动服务客户行为进行培训。虽然这一传统干预培训的方法可以促进员工主动服务客户行为，但这个过程需要大量的人力和物力，忽略了员工主动服务客户行为的发生过程。第二，从客户支持方面进行干预。结合本书对客户支持对员工主动服务客户行为影响机制的探讨，可以从加强社会分享的角度，开发、设计、实施"每日分享"干预方案。准实验设计的结果发现通过为期一个月的"每日分享"干预方案的实施，员工主动服务客户行为得到了显著提升，证明了这一方案的有效性。

这一干预方案不仅简单易行，不需要消耗过多资源，而且可以在日常条件下进行干预，生态效度更高。此外，在团队中进行分享，不仅对员工自身有积极影响，提高员工角色宽度自我效能感、工作意义感和积极情绪，也可以对团队中其他成员产生积极影响，从而促进整个团队员工主动服务客户行为，提高客户对团队的整体满意度，为服务型企业的长效发展奠定基础。

第六节 理论贡献和实践启示

一 理论贡献

本书从积极客户—员工互动的视角考察了员工主动服务客户行为的发生机制，探讨了员工主动服务客户行为与客户支持互动螺旋效应及其影响机制，并在此基础上开展干预研究。主要的理论意义体现在以下三个方面：

第一，本书拓展了员工主动服务客户行为的研究视角。本书将社会互动理论的思想引入到主动动机模型中，探讨了员工主动服务客户行为发生过程中与客户的互动，区别于以往研究将客户作为被动接受服务的对象，本书从客户—员工互动的角度出发，体现了服务情境中员工、客户双主体的特点，为解释员工主动服务客户行为发生的动态和持续过程提供了新的理论视角。

第二，在客户—员工互动视角下，本书构建员工主动服务客户行为与客户支持的互动螺旋模型，并深入挖掘了客户支持对员工主动服务客户行为的影响机制及其边界条件，拓展了员工主动服务客户行为的前因机制，说明客户在一线服务人员工作中与其有频繁互动，已经成为影响员工行为的重要而独特的信息来源。日志法和跨层数据的研究结果支持了社会分享和员工主动动机状态的中介作用、公仆氛围的跨层调节作用，这些结果不但探明了客户支持对员工主动服务客户行为产生积极作用的机制，而且说明了在何种条件下能够更好地发挥作用。

第三，本书从以下两个方面拓展了主动动机模型的理论框架。首先，在主动动机模型强调组织内部因素和员工个体因素的基础上，整合组织外部因素（例如，客户），即从前因的角度丰富了主动动机模型的内容，说明了客户行为可以通过影响员工主动动机状态来影响员工主动服务客户行为。其次，研究还发现公仆氛围对员工主动服务客户行为的影响及其调节作用，整合了组织外部因素和内部因素的共同作用。再次，研究考察了员工主动服务客户行为与客户支持之间的互动螺旋效应，为主动动机模型增加了反馈路径，为解释员工持续表现出主动服务客户行为提供了依据。本书的研究结果揭示了客户—员工互动过程中的员工主动服务客户行为的发生过程，丰富了员工主动服务客户行为的研究，拓展了主动动机模型的理论框架。

二 实践启示

尽管本书是以护理人员为研究对象，从客户—员工互动的视角对护理人员主动服务客户行为的发生机制进行了探讨，并提出了相应的干预方案，但医疗行业作为新兴服务行业也具有与一般服务行业相同的特点，其研究结论在一定程度上具有可推广性。与一般服务行业一样，医疗行业也非常重视服务质量，关注员工主动服务客户行为。此外，从行为发生过程来看，与一般的酒店或餐饮等传统服务行业的一线服务员工一样，护理人员与患者、服务员工与客户之间都存在频繁的互动。在互动过程中，员工主动服务客户行为与客户支持之间存在积极互动螺旋效应，员工主动服务客户行为可以促进客户支持，进而进一步提高员工主动服务客户行为。因此，本书的主动服务客户行为发生机制的结论在一定程度上能推广到其他服务行业中。

本书对组织管理实践的启示主要表现在以下五个方面：第一，企业可以采用一些策略来让员工感受到来自客户的积极反馈，例如，在企业中举行由客户评价的"服务之星"活动，让员工感受到客户支持。第二，企业应该促使团队中形成互相分享的氛围，让员工愿意分享工作中的积极事件，从而提高员工的主动动机状态，促进员工主动服务客户行为。第三，企业管理者也应该关注如何提高员工的主动动机状态，通过一些相关培训来重构和提高员工的自我效能感、工作意义感和积极情绪等。例如，刘洪艳、李惠艳和祁晓娜（2010）提出可以采用自我效能意识灌输、积极心理暗示等干预方式来提高员工自我效能感。第四，本书还发现公仆氛围越高，客户支持对员工主动动机状态的影响越大，这提示企业管理者，团队中内部和外部因素会共同影响员工主动服务客户行为，应该在团队中努力构建公仆氛围。根据组织氛围理论，企业管理者应该以身作则，通过自身的公仆领导行为，来促进员工的公仆行为，进而形成团队中的公仆氛围（Liden et al.，2014）。第五，本书不但从理论上说明了客户支持对员工主动服务客户行为的积极作用，而且设计了一套"每日分享"的干预方案来提高员工主动服务客户行为，这一简洁有效的方案，极大地丰富和拓展了组织干预与培训实践的形式。此外，客户支持与员工主动服务客户行为之间存在互动螺旋效应，这意味着在这个过程中，通过"每日分享"的干预提高员工主动服务客户行为，能在客户—员工的互动过程中，促进客户—员工互动良性循环的发生，促进员工持续表现出主动服务客户行为。

除了对组织管理的启示，本书的研究结果对于员工和客户也有一定的启发。首先，对于员工来说，本书的研究结果发现员工主动服务客户行为不仅对组织和客户有利，也会给员工个人自身带来一些积极影响，例如减少客户—员工互动过程中的消极互动，增加积极互动等。其次，员工在工作中可以将客户支持与同事或朋友进行分享，来构建积极的客户—员工互动。最后，对于客户来说，其积极行为不仅会让员工在工作中有更好的体验，也会让自身体验到更好的服务，提示客户在服务交互中也需要对一线服务员工表现出积极行为。

第七节 不足与未来研究方向

尽管本书具有一定的理论贡献，也能为组织管理提供有价值的管理启示，但也存在一些局限和不足。

首先，本书尝试采用了多种研究方法来开展研究、收集多来源及多时间点的数据对研究模型进行检验，但对客户支持和员工主动服务客户行为的测量大多是采用自我评价的方式，可能存在自我评价偏差。因此，未来研究可以尝试采用领导—员工—客户三方共同评价的方式更加客观地揭示这一过程的发生。

其次，本书通过间隔3个月和间隔1周的纵向研究数据探讨了员工主动服务客户行为与客户支持的互动螺旋，但对于这一过程的中介和调节机制还需要未来研究进一步探讨。例如，客户对员工主动服务客户行为的归因，当客户认为员工主动服务客户行为不是员工的基本工作职责时，更可能会引发客户支持。因此，未来研究还需要进一步挖掘员工主动服务客户行为与客户支持的互动螺旋效应的机制和边界条件。

再次，目前研究主要关注的是客户与员工之间的互动过程，但是在服务过程中，多名员工和客户作为第三方都会观察到某一员工与某一客户的互动过程。现有研究缺乏从第三方视角对客户—员工互动过程中对同事的影响及过程中溢出交叉效应的探讨。因此，未来研究应进一步探讨客户—员工互动过程中的互动螺旋效应如何溢出到第三方，引发另一轮互动螺旋，进一步促进团队积极客户—员工互动螺旋效应的形成，实现建立和谐互动关系的目标。

最后，未来研究还需要进一步对本书提出的"每日分享"干预方案发挥作用的机制进行探讨。本书发现一个月的"每日分享"干预显著提高了员工主动服务客户行为，并且客户的整体满意度也有了显著提高，但对于"每日分享"干预方案在何种条件下更好地发挥作用还需要进一步探讨。在社会分享过程中，当员工的分享能得到积极回应时，会对员工产生积极的影响（Gable et al.，2004），因此，在"每日分享"的干预方案中，其他成员的积极反馈可能会提高这一方案的效果，而如果员工的社会分享引起了其他成员的嫉妒，则可能会影响这一方案的有效性。本书在干预过程中要求所有团队成员都进行社会分享，这可能会促进团队中形成积极的分享氛围，降低了其他成员嫉妒的可能性，但未来研究还需要根据团队的特点，分析在何种条件下能更好地发挥"每日分享"干预方案的效果。此外，本书中的"每日分享"主要是针对同事的分享，员工对朋友、家人的分享是否对提高员工主动服务客户行为有积极作用，还需要未来研究进一步检验。

第八节 研究结论

本书以护理人员为研究对象，将社会互动理论的思想引入主动动机模型，在客户—员工互动视角下考察了员工主动服务客户行为的发生机制并开展干预研究，主要得出以下结论：

（1）员工主动服务客户行为对客户支持有积极作用，对客户欺凌有消极作用。

（2）公仆型领导、员工主动性人格、客户取向观点采择能力、客户支持和客户感恩对员工主动服务客户行为有积极作用。

（3）在日常水平上，客户支持通过积极分享和主动动机状态（自我效能感、工作意义感和积极情绪）的序列中介作用，影响员工主动服务客户行为。

（4）在长期效应上，客户支持和公仆氛围通过主动动机状态（角色宽度自我效能感和工作意义感）的中介作用，影响员工主动服务客户行为；公仆氛围调节客户支持与员工角色宽度自我效能感之间的关系，当公仆氛围更高时，二者关系更强。

（5）员工主动服务客户行为与客户支持之间存在积极互动螺旋效应，即员工主动服务客户行为对客户支持有显著的滞后效应；客户支持对员工主动服务客户行为也有显著滞后效应。

（6）通过一个月的"每日分享"干预，员工主动服务客户行为有显著提升，员工主动动机状态（角色宽度自我效能感、工作意义感和积极情绪）也得到了提高，同时，客户的整体满意度也有显著提高。

参考文献

陈坚、连榕：《代际工作价值观发展的研究述评》，《心理科学进展》2011年第7期。

陈丽环、刘丽娜：《浅谈护患间的矛盾及解决方法》，《医学理论与实践》2001年第9期。

陈银娟：《护士服务行为的影响因素及相关性研究》，硕士学位论文，南华大学，2013年。

陈向明：《质的研究方法与社会科学研究》，教育科学出版社2000年版。

陈越、颜巧元：《护患互动模式构建的理论设想》，《护理学杂志》2013年第20期。

董霞、高燕、马建峰：《服务型领导对员工主动性顾客服务绩效的影响——基于社会交换与社会学习理论双重视角》，《旅游学刊》2018年第33期。

杜玲毓、孙健敏、尹奎、彭坚：《变革型领导从何而来？——变革型领导的形成机理》，《中国人力资源开发》2017年第11期。

风笑天：《工作的意义：两代人的认同与变迁》，《社会科学研究》2011年第3期。

侯杰泰、温忠麟、成子娟：《结构方程模型及其应用》，经济科学出版社2004年版。

姜海、马红宇、谢菊兰、张淑霞：《家庭支持型主管行为对员工工作态度的影响：有调节的中介效应分析》，《心理科学》2015 年第 5 期。

李超平、毛凯贤：《服务型领导影响工作繁荣的动态双向机制》，《心理科学进展》2018 年第 10 期。

李超平、田宝、时勘：《变革型领导与员工工作态度：心理授权的中介作用》，《心理学报》2006 年第 2 期。

李文静、郑全全：《日常经验研究：一种独具特色的研究方法》，《心理科学进展》2008 年第 1 期。

梁建、刘芳舟、樊景立：《中国管理研究中的量表使用取向（2006—2015）：关键问题与改进建议》，《管理学季刊》2017 年第 2 期。

林忠、鞠蕾、陈丽：《工作—家庭冲突研究与中国议题：视角、内容和设计》，《管理世界》2013 年第 9 期。

刘洪艳、李惠艳、祁晓娜：《提高护士自我效能的干预措施及效果》，《护理管理杂志》2010 年第 8 期。

刘丽虹、李爱梅：《动机的自我决定理论及其在管理领域的应用》，《科技管理研究》2010 年第 15 期。

刘喆、杨勇、唐加福：《家庭—工作界面对主动服务顾客行为的作用机制——基于服务氛围视角》，《东北大学学报》（社会科学版）2017 年第 1 期。

吕三玉、郑钟强、李咪咪、张建元、郭斌、尹志辉：《酒店前厅服务质量影响因素研究》，《旅游学刊》2014 年第 10 期。

世界各国纪实年鉴 The World Factbook，https：//www.cia.gov/library/publications/resources/the-world-factbook/fields/2012.html，2017 年。

宋萌、王震、孙健敏：《辱虐管理对下属反馈规避行为的影响：积极归因与工作意义的作用》，《预测》2015 年第 5 期。

苏磊：《服务型企业员工主动行为的类型识别与验证》，《中国人力资源开发》2015 年第 1 期。

孙晓娥：《扎根理论在深度访谈研究中的实例探析》，《西安交通大学学报》（社会科学版）2011 年第 6 期。

王庆娟、张金成：《工作场所的儒家传统价值观：理论、测量与效度检验》，《南开管理评论》2012 年第 4 期。

肖鸿敏、孙志燕、向诗琪：《护患矛盾影响因素分析与干预措施的研究进展》，《护理实践与研究》2018 年第 22 期。

徐冬莉、武文珍、江若尘：《服务业顾客教育对顾客参与的影响——基于 sor 理论和社会互动理论的视角》，《财贸研究》2015 年第 6 期。

翟家保、周庭锐：《一线服务员工组织公民行为影响因素的实证研究——基于顾客积极反馈的视角》，《统计与信息论坛》2010 年第 9 期。

张鼎昆、方俐洛、凌文辁：《自我效能感的理论及研究现状》，《心理科学进展》1999 年第 1 期。

张慧、马红宇、刘燕君、唐汉瑛、史燕伟：《员工主动服务客户行为：兴起、内涵与影响机制》，《中国人力资源开发》2018 年第 3 期。

张建卫、刘玉新：《工作家庭冲突与退缩行为：家庭友好实践与工作意义的调节作用》，《预测》2011 年第 1 期。

张黎夫：《医患关系现状与影响因素调查研究——以西安 X 医院为例》，硕士学位论文，西南交通大学，2015 年。

赵敏、何云霞：《西方工作价值取向研究及对我国教师管理的启示》，《教育理论与实践》2010 年第 22 期。

郑超：《上海 H 奔驰 4S 店客户满意度提升战略与实施方案研究》，硕士学位论文，电子科技大学，2014 年。

周眙：《服务文化与主动性人格对服务绩效的影响：基于高校行政人员的跨层研究》，《中国人力资源开发》2016 年第 10 期。

Aiken, L. S., & West, S. G., Multiple Regression: Testing and Interpreting Interactions-institute for Social and Economic Research (iser), *Journal of the Operational Research Society*, 1991, 45 (1): 119 – 120.

Ashford, S. J., Blatt, R., & Vande Walle, D., Reflections on the Looking Glass: A Review of Research on Feedback-seeking Behavior in Organizations, *Journal of Management*, 2003, 29 (6): 773 - 799.

Ashforth, B. E., Sluss, D. M., & Saks, A. M., Socialization Tactics, Proactive Behavior, and Newcomer Learning: Integrating Socialization Models, *Journal of Vocational Behavior*, 2007, 70 (3): 447 - 462.

Auh, S., Bell, S. J., Mcleod, C. S., & Shih, E., Co-production and Customer Loyalty in Financial Services, *Journal of Retailing*, 2007, 83 (3): 359 - 370.

Axtell, C. M., & Parker, S. K., Promoting Role Breadth Self-efficacy Through Involvement, Work Redesign and Training, *Human Relations*, 2003, 56 (1): 113 - 131.

Axtell, M. C., Parker, K. S., Holman, D., & Totterdell, P., Enhancing Customer Service: Perspective Taking in a Call Centre, *European Journal of Work & Organizational Psychology*, 2007, 16 (2): 141 - 168.

Bagozzi, R. P., & Dholakia, U. M., Antecedents and Purchase Consequences of Customer Participation in Small Group Brand Communities, *International Journal of Research in Marketing*, 2006, 23 (1): 45 - 61.

Bakker, A. B., Demerouti, E., & Dollard, M. F., How Job Demands Affect Partners' experience of Exhaustion: Integrating Work-family Conflict and Crossover Theory, *Journal of Applied Psychology*, 2008, 93 (4): 901 - 911.

Bande, B., Fernandez-Ferrin, P., Varela-Neira, C., & Otero-Neira, C., Exploring the Relationship Among Servant Leadership, Intrinsic Motivation and Performance in an Industrial Sales Setting, *Journal of Business & Industrial Marketing*, 2016, 31 (2): 219 - 231.

Bandura, A., Self-efficacy: Toward a Unifying Theory of Behavioral Change, *Psychological Review*, 1977, 84 (2): 191 - 215.

Bandura, A., The Explanatory and Predictive Scope of Self-efficacy Theory, *Journal of Social and Clinical Psychology*, 1986, 4 (3): 359 - 373.

Bandura, A., Failures in Self-regulation: Energy Depletion or Selective Disengagement? *Psychological Inquiry*, 1996, 7 (1): 20 – 24.

Baranik, L., Wang, M., Gong, Y., & Shi, J., Customer Mistreatment, Employee Health and Job Performance: Cognitive Rumination and Social Sharing as Mediating Mechanisms, *Social Science Electronic Publishing*, 2017, 29 (12): 1971 – 1977.

Basch, J., & Fisher, C. D., Affective Job Events-Emotions Matrix: A Classification of Job Related Events and Emotions Experienced in the Workplace, In N. Ashkanasy, W. Zerbe, & C. Hartel (Eds.), *Emotions in the Workplace: Research, Theory and Practice*: 36 – 48, Westport, CT: Quorum Books, 2000.

Bass, B. M., *Leadership and Performance Beyond Expectations*, New York, NY: The Free Press, 1985.

Bass, B. M., The Future of Leadership in Learning Organizations, *Journal of Leadership & Organizational Studies*, 2000, 7 (3): 18 – 40.

Bauer, D. J., Preacher, K. J., & Gil, K. M., Conceptualizing and Testing Random Indirect Effects and Moderated Mediation in Multilevel Models: New Procedures and Recommendations, *Psychological Methods*, 2006, 11 (2): 142 – 163.

Beach, S. R. H., & Tesser, A., *Self-Esteem and the Extended Self-Evaluation Maintenance Model, Efficacy, Agency, and Self-Esteem*, Springer US. 1995.

Bedi, A., & Schat, A. C. H., Customer Aggression: A Theoretical and Meta-analytic Review, *Administrative Sciences Association of Canada*, 2007.

Belschak, F. D., & Hartog, D. N. D., Pro-self, Prosocial, and Pro-organizational Foci of Proactive Behaviour: Differential Antecedents and Consequences, *Journal of Occupational and Organizational Psychology*, 2010, 83 (2): 475 – 498.

Berg, J. M., Grant, A. M., & Johnson, V., When Callings are Calling: Crafting Work and Leisure in Pursuit of Unanswered Occupational Callings, *Organization Science*, 2010, 21 (5): 973–994.

Bettencourt, L. A., & Brown, S. W., Contact Employees: Relationships Among Workplace Fairness, Job Statisfaction and Prosocial Service Behaviors, *Journal of Retailing*, 1997, 73 (1): 39–61.

Bindl, U. K., & Parker, S. K., *Investigating Self-regulatory Elements of Proactivity at Work*, Working Paper, Institute of Work Psychology, University of Sheffield, Sheffield, UK. 2009.

Bindl, U. K., & Parker, S. K., Feeling Good and Performing Well? Psychological Engagement and Positive Behaviors at Work, *Handbook of Employee Engagement Perspectives Issues Research & Practice*, 2012.

Blau, P. M., Justice in Social Exchange, *Sociological Inquiry*, 1964, 34: 193–206.

Bliese, P. D., Within-group Agreement, Non-independence, and Reliability: Implications for Data Aggregation and Analysis, In K. J. Klein & S. W. J. Kozlowski (Eds.), *Multilevel Theory, Research, and Methods in Organizations: Foundations, Extensions, and New Directions*: 349–381, Jossey-Bass, 2000.

Boekhorst, J. A., The Role of Authentic Leadership in Fostering Workplace Inclusion: A Social Information Processing Perspective, *Human Resource Management*, 2015, 54 (2): 241–264.

Bogers, M., Afuah, A., & Bastian, B., Users as Innovators: A Review, Critique, and Future Research Directions, *Journal of Management*, 2010, 36 (4): 857–875.

Bowen, D. E., *Customers as Substitutes for Leadership in Service Organizations* (Unpublished Doctoral Dissertation), Department of Management, Michigan State University, East Lansing, MI. 1983.

Brehm, J. W., The Intensity of Emotion, *Personality and Social Psy-*

chology Review, 1999, 3 (1): 2 - 22.

Brewer, M. B., & Gardner, W., Who is This "we"? Levels of Collective identity and Self-representations, *Journal Personality and Social Psychology*, 1996, 71 (1): 83 - 93.

Bridges, J., Nicholson, C., Maben, J., Pope, C., Flatley, M., & Wilkinson, C., et al., Capacity for Care: Meta-ethnography of Acute Care Nurses' Experiences of the Nurse-patient Relationship, *Journal of Advanced Nursing*, 2013, 69 (4): 760 - 772.

Brief, A. P., & Nord, W. R., *Work and Meaning: Definitions and Interpretations*, In A. P. Brief & W. R. Nord (Eds.), Meanings of Occupational Work, Lexington: Lexington Books, 1990.

Bitner, M. J., Booms, B. H., & Tetreault, M. S., The Service Encounter: Diagnosing Favorable and Unfavorable Incidents, *Journal of Marketing*, 1990, 54 (1): 71 - 84.

Bunderson, J. S., & Thompson, J. A., The Call of the Wild: Zookeepers, Callings, and the Double-edged Sword of Deeply Meaningful Work, *Administrative Science Quarterly*, 2009, 54 (1): 32 - 57.

Cameron, K. S., & Spreitzer, G. M., The Oxford Handbook of Positive Organizational Scholarship, *Management Decision*, 2013, 50 (3): 539 - 544.

Cai, Z. J., Parker, K. S., Chen, Z. J., & Lam, W., How does the Social Context Fuel the Proactive Fire? A Multilvel Review and the Oretical Synthesis, *Journal of Organizational Behavior*, 2019, 40 (2): 209 - 230.

Carnevale, P. J. D., & Isen, A. M., The Influence of Positive Affect and Visual Access on the Discovery of Integrative Solutions in Bilateral Negotiation, *Organizational Behavior and Human Decision Processes*, 1986, 37 (1): 1 - 13.

Carter, D., & Baghurst, T., The Influence of Servant Leadership on

Restaurant Employee Engagement, *Journal of Business Ethics*, 2014, 124: 453 – 464.

Chen, G., Farh, J. L., Campbellbush, E. M., Wu, Z., & Wu, X., Teams as Innovative Systems: Multilevel Motivational Antecedents of Innovation in R&D Teams, *Journal of Applied Psychology*, 2013, 98 (6): 1018 – 1027.

Chen, G., & Kanfer, R., Toward a Systems Theory of Motivated Behavior in Work Teams, *Research in Organizational Behavior*, 2006, 27: 223 – 267.

Chen, G., Sharma, P. N., Edinger, S. K., Shapiro, D. L., & Farh, J. L., Motivating and Demotivating Forces in Teams: Cross-level Influences of Empowering Leadership and Relationship Conflict, *Journal of Applied Psychology*, 2011, 96 (3): 541 – 557.

Chen, M., Lyu, Y., Li, Y., Zhou, X., & Li, W., The Impact of High-commitment HR Practices on Hotel Employees Proactive Customer Service Performance, *Cornell Hospitality Quarterly*, 2017, 58 (1): 94 – 107.

Chen, Z. J., Zhu, J., & Zhou, M. J., How does a Servant Leader Fuel the Service Fire? A Multilevel Model of Servant Leadership, Individual Self-identity, Group Competition Climate, and Customer Service Performance, *Journal of Applied Psychology*, 2015, 100: 511 – 521.

Chi, N. W., Yang, J., & Lin, C. Y., Service Workers' Chain Reactions to Daily Customer Mistreatment: Behavioral Linkages, Mechanisms, and Boundary Conditions, *Journal of Occupational Health Psychology*, 2018, 23: 58 – 70.

Claes, R., Beheydt, C., & Björn Lemmens, Unidimensionality of Abbreviated Proactive Personality Scales Across Cultures, *Applied Psychology*, 2005, 54 (4): 476 – 489.

Collins, C. J., & Smith, K. G., Knowledge Exchange and Combination: The Role of Human Resource Practices in the Performance of High-technology Firms, *Academy of Management Journal*, 2006, 49 (3): 544 – 560.

Converso, D., Loera, B., Viotti, S., & Martini, M., Do Positive Relations with Patients Play a Protective Role for Healthcare Employees? Effects of Patients'gratitude and Support on Nurses' Burnout, *Frontiers in Psychology*, 2015, 6 (14): 6902 – 6915.

Crant, J. M., Proactive Behavior in Organizations, *Journal of Management*, 2000, 26 (3): 435 – 462.

De Dreu, Carsten K. W, & Nauta, Aukje, Self-interest and Other-orientation in Organizational Behavior: Implications for Job Performance, Prosocial Behavior, and Personal Initiative, *Journal of Applied Psychology*, 2009, 94 (4): 913 – 926.

Den Hartog, D. N., & Belschak, F. D., When does Transformational Leadership Enhance Employee Proactive Behavior? The Role of Autonomy and Role Breadth Self-efficacy, *Journal of Applied Psychology*, 2012, 97 (1): 194 – 202.

Dennis, R., & Winston, B. E., A Factor Analysis of Page and Wong's Servant Leadership Instrument, *Leadership and Organization Development Journal*, 2003, 24 (8): 455 – 459.

Diefendorff, J. M., Richard, E. M., & Yang, J., Linking Emotion Regulation Strategies to Affective Events and Negative Emotions at Work, *Journal of Vocational Behavior*, 2008, 73 (3): 498 – 508.

Dietz, T., Theory and Method in Social Impact Assessment, *Sociological Inquiry*, 1987, 57 (1): 54 – 69.

Dong, Y., Liao, H., Chuang, A., Zhou, J., & Campbell, E. M., Fostering Employee Service Creativity: Joint Effects of Customer Empowering Behaviors and Supervisory Empowering Leadership, *Journal of Applied Psychology*, 2015, 100 (5): 1364 – 1380.

Dormann, C., & Zapf, D., Customer-related Stressors and Burnout, *Journal of Occupational Health Psychology*, 2004, 9 (1): 61 – 82.

Duffy, R. D., & Autin, K. L., Disentangling the Link Between Perceiving a Calling and Living a Calling, *Journal of Counseling Psychology*, 2013, 60 (2): 219 – 227.

Duffy, R. D., Bott, E. M., Allan, B. A., Torrey, C. L., & Dik, B. J., Perceiving a Calling, Living a Calling, and Job Satisfaction: Testing a Moderated, Multiple Mediator Model, *Journal of Counseling Psychology*, 2012, 59 (1): 50 – 59.

Duprez, C., Christophe, V., Rimé, B., Congard, A., & Antoine, P., Motives for the Social Sharing of an Emotional Experience, *Journal of Social and Personal Relationships*, 2015, 32 (6): 757 – 787.

Edwards, J. R., & Lambert, L. S., Methods for Integrating Moderation and Mediation: A General Analytical Framework Using Moderated Path Analysis, *Psychological Methods*, 2007, 12 (1): 1 – 22.

Enders, C. K., & Tofighi, D., Supplemental Material for Centering Predictor Variables in Cross-sectional Multilevel Models: A New look at an Old Issue, *Psychological Methods*, 2007, 12 (2): 121 – 138.

Fay, D., & Frese, M., The Concept of Personal Initiative: an Overview of Validity Studies, *Human Performance*, 2001, 14 (1): 97 – 124.

Fisher, C. D., Minbashian, A., Beckmann, N., & Wood, R. E., Task Appraisals, Emotions, and Performance Goal Orientation, *Journal of Applied Psychology*, 2013, 98 (2): 364 – 373.

Fortney, L., Luchterhand, C., Zakletskaia, L., Zgierska, A., & Rakel, D., Abbreviated Mindfulness Intervention for Job Satisfaction, Quality of Life, and Compassion in Primary Care Clinicians: A Pilot Study, *Annals of Family Medicine*, 2013, 11 (5): 412 – 420.

Foss, N. J., Laursen, K., & Pedersen, T., Linking Customer Interaction and Innovation: the Mediating Role of New Organizational Practices, *Organization Science*, 2011, 22 (4): 980 – 999.

Fredrickson, B. L., & Joiner, T., Positive Emotions Trigger Upward Spirals Toward Emotional Well-being, *Psychological Science*, 2002, 13: 172 – 175.

Friend, L. A., Costley, C. L., & Brown, C., Spirals of Distrust vs Spirals of Trust in Retail Customer Service: Consumers as Victims or Allies, *Journal of Services Marketing*, 2010, 24 (6): 458 – 467.

Gable, S. L., Gonzaga, G. C., & Strachman, A., Will You be There for Me When Things Go Right? Social Support for Positive Events, *Journal of Personality and Social Psychology*, 2006, 91 (5): 904 – 917.

Gable, S. L., Reis, H. T., Impett, E. A., & Asher, E. R., What Do You do When Things Go Right? The Intrapersonal and Interpersonal Benefits of Sharing Positive Events, *Journal of Personality & Social Psychology*, 2004, 87 (2): 228 – 245.

Gervey, B., Igou, E. R., & Trope, Y., Positive Mood and Future-oriented Self-evaluation, *Motivation & Emotion*, 2005, 29 (4): 267 – 294.

Gettman, H. J., & Gelfand, M. J., When the Customer Shouldn't be King: Antecedents and Consequences of Sexual Harassment by Clients and Customers, *Journal of Applied Psychology*, 2007, 92 (3): 757 – 770.

Glaser, B., & Strauss, A., *The Discovery of Grounded Theory: Strategies for Qualitative Research*, Chicago: Aldine Press, 1967: 18 – 48.

Graf, A. S., Ramsey, M. A., Patrick, J. H., & Gentzler, A. L., Dark Storm Clouds and Rays of Sunshine: Profiles of Negative and Positive Rumination About Daily Hassles and Uplifts, *Journal of Happiness Studies*, 2016, 17: 1 – 20.

Grandey, A. A., Kern, J. H., & Frone, M. R., Verbal Abuse From Outsiders Versus Insiders: Comparing Frequency, Impact on Emotional Exhaustion, and the Role of Emotional Labor, *Journal of Occupational*

Health Psychology, 2007, 12 (1): 63–79.

Grant, A. M., & Ashford, S. J., The Dynamics of Proactivity at Work, *Research in Organizational Behavior*, 2008, 28 (28): 3–34.

Greenhaus, J. H., Ziegert, J. C., & Allen, T. D., When Family-supportive Supervision Matters: Relations Between Multiple Sources of Support and Work-family Balance, *Journal of Vocational Behavior*, 2012, 80 (2): 266–275.

Griffin, M. A., Neal, A., & Parker, S. K., A New Model of Work Role Performance: Positive Behavior in Uncertain and Interdependent Contexts, *Academy of Management Journal*, 2007, 50 (2): 327–347.

Groth, M., Customers as Good Soldiers: Examining Citizenship Behaviors in Internet Service Deliveries, *Journal of Management*, 2005, 31: 7–27.

Groth, M., & Grandey, A. A., From Bad to Worse: Negative Exchange Spirals in Employee-customer Service Interactions, *Organizational Psychology Review*, 2012, 2 (3): 208–233.

Groth, M., & Goodwin, R. E., Customer Service, *Zedeck Sheldon Apa Handbook of Industrial & Organizational Psychology*, 2011, 3 (3): 329–357.

Gruca, T. S., & Rego, L. L., Customer Satisfaction, Cash Flow, and Shareholder Value, *Journal of Marketing*, 2005, 69 (3): 115–130.

Gump, B. B., & Kulik, J. A., Stress, Affiliation, and Emotional Contagion, *Journal of Personality and Social Psychology*, 1997, 72: 305–319.

Hackman, J. R., & Oldham, G. R., Motivation Through the Design of Work: Test of a Theory, *Organizational Behavior and Human Performance*, 1976, 16: 250–279.

Halldorsdottir, S., The Dynamics of the Nurse-patient Relationship: Introduction of a Synthesized Theory from the Patient's Perspective, *Scadinavian*

Jouranl of Caring Science, 2008, 22 (4): 643 – 652.

Hammer, L. B., Kossek, E. E., Anger, W. K., Bodner, T., & Zimmerman, K. L., Clarifying Work-family Intervention Processes: The Roles of Work-family Conflict and Family-supportive Supervisor Behaviors, *Journal of Applied Psychology*, 2012, 96 (1): 134 – 50.

Hammer, L. B., Kossek, E. E., Bodner, T., & Crain, T., Measurement Development and Validation of the Family Supportive Supervisor Behavior Short-form (FSSB-SF), *Journal of Occupational Health Psychology*, 2013, 18 (3): 285 – 296.

Hammer, L. B., Kossek, E. E., Yragui, N. L., Bodner, T. E., & Hanson, G. C., Development and Validation of a Multidimensional Measure of Family Supportive Supervisor Behaviors (FSSB), *Journal of Management*, 2009, 35 (4): 837 – 856.

Hamzah, M. I., Othman, A. K., & Hassan, F., Conceptualizing the Link Between Individual Market Orientation and Proactive Service Performance, *Advanced Science Letters*, 2015, 21 (6): 1875 – 1878.

Han, S. J., Bonn, M. A., & Cho, M., The Relationship Between Customer Incivility, Restaurant Frontline Service Employee Burnout and Turnover Intention, *International Journal of Hospitality Management*, 2016, 52: 97 – 106.

Han, X., Kwortnik, R. J., & Wang, C., Service Loyalty, *Journal of Service Research*, 2008, 11: 22 – 42.

Hareli, S., & Rafaeli, A., Emotion Cycles: On the Social Influence of Emotion in Organizations, *Research in Organizational Behavior*, 2008, 28: 35 – 59.

Harter, J. K., Schmidt, F. L., Asplund, J. W., Killham, E. A., & Agrawal, S., Causal Impact of Employee Work Perceptions on the Bottom Line of Organizations, *Perspectives on Psychological Science A Journal of the Association for Psychological Science*, 2010, 5 (4): 378 – 389.

Hartog, D. N. D., & Belschak, F. D., Work Engagement and Machiavellianism in the Ethical Leadership Process, *Journal of Business Ethics*, 2012, 107 (1): 35 – 47.

Hatfield, E., Cacioppo, J. T., & Rapson, R. L., Emotional Contagion, *Current Directions in Psychological Science*, 1993, 2: 96 – 99.

Hicks, A. M., & Diamond, L. M., How was your day? Couples' Affect When Telling and Hearing Daily Events, *Personal Relationships*, 2008, 15 (2): 205 – 228.

Higgins, E. T., Making a Good Decision: Value from Fit, *American Psychologist*, 2000, 55 (11): 1217 – 1230.

Hobfoll, S. E., Conservation of Resources: A New Attempt at Conceptualizing Stress, *American Psychologist*, 1989, 44 (3): 513 – 524.

Hogg, M. A., & Terry, D. J., The Dynamic, Diverse, and Variable Faces of Organizational Identity, *Academy of Management Review*, 2000, 25 (1): 150 – 152.

Hong, Y., Liao, H., Hu, J., & Jiang, K., Missing Link in the Service Profit Chain: A Meta-analytic Review of the Antecedents, Consequences, and Moderators of Service Climate, *Journal of Applied Psychology*, 2013, 98 (2): 237 – 267.

Hong, Y., Liao, H., Raub, S., & Han, J. H., What it Takes to Get Proactive: An Integrative Multilevel Model of the Antecedents of Personal Initiative, *Journal of Applied Psychology*, 2016, 101 (5): 687 – 701.

Hu, L., & Bentler, P. M., Cutoff Criteria for Fit Indexes in Covariance Structure Analysis: Conventional Criteria Versus New Alternatives, *Structural Equation Modeling*, 1999, 6: 1 – 55.

Hu, X., Zhan, Y., Garden, R., Wang, M., & Shi, J., Employees' Reactions to Customer Mistreatment: The Moderating Role of Human Resource Management Practices, *Work & Stress*, 2017, 32: 49 – 67.

Hunter, E. M., Neubert, M. J., Perry, S. J., Witt, L. A., Penney, L. M., & Weinberger, E., Servant Leaders Inspire Servant Followers: Antecedents and Outcomes for Employees and the Organization, *The Leadership Quarterly*, 2013, 24 (2): 316 – 331.

Huo, Y., Lam, W., & Chen, Z., The Joint Effects of Perspective Taking and Proactive Personality on Customer Service Performance, *Academy of Management Annual Meeting Proceedings*, 2014, (1): 13371 – 13385.

Iida, M., Shrout, P. E., Laurenceau, J. P., & Bolger, N., Using Diary Methods in Psychological Research, *Foundations*, 2012, 1: 277 – 305.

Ilgen, D. R., & Hollenbeck, J. R., The Structure of Work: Job Design and Roles, In M. D. Dunnette & L. M. Hough (Eds.), *Handbook of Industrial and Organizational Psychology*, 2nd Edition: 165 – 207, Palo Alto, CA: Consulting Psychology Press, 1991.

Ilies, R., & Judge, T. A., Goal Regulation Across Time: the Effects of Feedback and Affect, *Journal of Applied Psychology*, 2005, 90 (3): 453 – 467.

Isen, A. M., On the Relationship Between Affect and Creative Problem Solving, *Affect, Creative Experience & Psychological*, 1999.

Jauhari, H., Shailendra, S., & Kumar, M., Transformational Leadership and Psychological Empowerment: The Mediating Effect of Organizational Culture in Indian Retail Industry, *Journal of Enterprise Information Management*, 2017, 30 (1): 82 – 95.

Kaiser, F. E., Gehrke, C. W., Zumwalt, R. W., & Kuo, K. C., Amino Acid Analysis. Hydrolysis, Ion-exchange Cleanup, Derivatization, and Quantitation by Gas-liquid Chromatography, *Journal of Chromatography*, 1974, 94 (7): 113 – 133.

Kanfer, R., & Heggestad, E. D., Motivational Traits and Skills: A Person-centered Approach to Work Motivation, *Research in Organiza-*

tional Behavior, 1997, 19: 1 – 56.

Karakowsky, L., Degama, N., & Mcbey, K., Facilitating the Pygmalion Effect: The Overlooked Role of Subordinate Perceptions of the Leader, *Journal of Occupational & Organizational Psychology*, 2012, 85: 579 – 599.

Karatepe, O. M., Do Personal Resources Mediate the Effect of Perceived Organizational Support on Emotional Exhaustion and Job Outcomes? *International Journal of Contemporary Hospitality Management*, 2015, 27: 4 – 26.

Kim, Y., Cohen, T. R., & Panter, A. T., Cause or Consequence? The Reciprocal Model of Counterproductive Work Behavior and Mistreatment, *Academy of Management Annual Meeting Proceedings*, 2016, (1): 18071 – 18706.

King, I. M., King's Conceptual System, Theory of Goal Attainment, and Transaction Process in the 21st Century, *Nursing Science Quarterly*, 2007, 20 (2): 109 – 111.

Kleiman, E. M., Kashdan, T. B., Monfort, S. S., Machell, K. A., & Goodman, F. R., Perceived Responsiveness During an Initial Social Interaction with a Stranger Predicts a Positive Memory Bias One Week Later, *Cognition & Emotion*, 2014, 29 (2): 332 – 341.

Kohli, K. A., & Jaworski, J. B., Market Orientation: The Construct, Research Propositions, and Managerial Implications, *Journal of Marketing*, 1990, 54 (2): 1 – 18.

Koopmann, J., Wang, M., Liu, Y., & Song, Y., *Customer Mistreatment: A Review of Conceptualizations and a Multilevel Theoretical Model*, Emerald Group Publishing Limited, 2015.

Lam, C. F., Wan, W. H., & Roussin, C. J., Going the Extra Mile and Feeling Energized: An Enrichment Perspective of Organizational Citizenship Behaviors, *Journal of Applied Psychology*, 2016, 101 (3):

379-391.

Lang, J., Bliese, P. D., Lang, J. W. B., & Adler, A. B., Work Gets Unfair for the Depressed: Cross-lagged Relations Between Organizational Justice Perceptions and Depressive Symptoms, *Journal of Applied Psychology*, 2011, 96: 602-618.

Lau, P. Y. Y., Tong, J. L. Y. T., Lien, Y. H., Hsu, Y. C., & Chong, C. L., Ethical Work Climate, Employee Commitment and Proactive Customer Service Performance: Test of the Mediating Effects of Organizational Politics, *Journal of Retailing & Consumer Services*, 2017, 35: 20-26.

Leary, M. R., & Baumeister, R. F., The Nature and Function of Self-esteem: Sociometer Theory, *Advances in Experimental Social Psychology*, 2000, 32 (1): 1-62.

Li, Y., Chen, M., Lyu, Y., & Qiu, C., Sexual Harassment and Proactive Customer Service Performance: The Roles of Job Engagement and Sensitivity to Interpersonal Mistreatment, *International Journal of Hospitality Management*, 2016, 54: 116-126.

Lian, H., Ferris, D. L., Morrison, R., & Brown, D. J., Blame it On the Supervisor or the Subordinate? Reciprocal Relations Between Abusive Supervision and Organizational Deviance, *Journal of Applied Psychology*, 2014, 99 (4): 651-664.

Liao, H., & Chuang, A., A Multilevel Investigation of Factors Influencing Employee Service Performance and Customer Outcomes, *Academy of Management Journal*, 2004, 47 (1): 41-58.

Liao, H., & Chuang, A., Transforming Service Employees and Climate: A Multilevel, Multisource Examination of Transformational Leadership in Building Long-term Service Relationships, *Journal of Applied Psychology*, 2007, 92 (4): 1006-1019.

Liao, H., & Subramony, M., Employee Customer Orientation in Manufacturing Organizations: Joint Influences of Customer Proximity and the Senior Leadership Team, *Journal of Applied Psychology*, 2008, 93 (2): 317 – 328.

Liberman, N., & Trope, Y., The Role of Feasibility and Desirability Considerations in Near and Distant Future Decisions: A Test of Temporal Construal Theory, *Journal of Personality & Social Psychology*, 1998, 75 (1): 5 – 18.

Liden, R. C., Wayne, S. J., Liao, C., & Meuser, J. D., Servant Leadership and Serving Culture: Influence on Individual and Unit Performance, *Academy of Management Journal*, 2014, 57 (5): 1434 – 1452.

Lindsley, D. H., Brass, D. J., & Thomas, J. B., Efficacy-performing Spirals: A Multilevel Perspective, *Academy of Management Review*, 1995, 20 (3): 645 – 678.

Link, B. G., & Shrout, P. E., Spurious Associations in Longitudinal Research, *Research in Community & Mental Health*, 1992, 7: 301 – 321.

Lips-Wiersma, M., & Wright, S., Measuring the Meaning of Meaningful Work: Development and Validation of the Comprehensive Meaningful Work Scale (cmws), *Group & Organization Management*, 2012, 37 (5): 655 – 685.

Liu, Y., Song, Y., Koopmann, J., Wang, M., Chang, C. D., & Shi, J., Eating Your Feelings? Testing a Model of Employees' Work-related Stressors, Sleep Quality, and Unhealthy Eating, *Journal of Applied Psychology*, 2017, 102: 1237 – 1258.

Luria, G., & Yagil, D., Procedural Justice, Ethical Climate and Service Outcomes in Restaurants, *International Journal of Hospitality Management*, 2008, 27 (2): 276 – 283.

Lyu, Y., Zhou, X., Li, W., Wan, J., Zhang, J., & Qiu, C., The Impact of Abusive Supervision on Service Employees' Proactive Customer

Service Performance in the Hotel Industry, *International Journal of Contemporary Hospitality Management*, 2016, 28 (9): 1992–2012.

Ma, Z., & Dubé, L., Process and Outcome Interdependency in Frontline Service Encounters, *Journal of Marketing*, 2011, 75 (75): 83–98.

Martini, M., & Converso, D., Gratitude or the Positive Side of the Relationship with Patients, Development and First Validation of New Instruments: a Scale of Gratitude Perceived by Operators and a Scale of Support Offered by the Gratitude Expressed by Their Patients, *Psychology*, 2014, 5 (6): 572–580.

Mathieu, J. E. & Taylor, S. R., Clarifying Conditions and Decision Points for Mediational Type Inferences in Organizational Behavior, *Journal of Organizational Behavior*, 2006, 27 (8): 1031–1056.

Maxham, J. G., & Netemeyer, R. G., A Longitudinal Study of Complaining Customers' Evaluations of Multiple Service Failures and Recovery Efforts, *Journal of Marketing*, 2002, 66 (4): 57–71.

May, D. R., Gilson, R. L., & Harter, L. M., The Psychological Conditions of Meaningfulness, Safety and Availability and the Engagement of the Human Spirit at Work, *Journal of Occupational & Organizational Psychology*, 2011, 77 (1): 11–37.

McCarthy, J. M., Trougakos, J. P., & Cheng, B. H., Are Anxious Workers Less Productive Workers? It Depends on the Quality of Social Exchange, *Journal of Applied Psychology*, 2016, 101: 279–291.

McColl-Kennedy, J. R., Steve, L. V., Tracey, S. D., Jillian, C. S., & Yasmin van, K., Health Care Customer Value Co-creation Practice Styles, *Journal of Service Research*, 2012, 15 (4): 370–389.

Meier, L. L., & Spector, P. E., Reciprocal Effects of Work Stressors and Counterproductive Work Behavior: A Five-wave Longitudinal Study, *Journal of Applied Psychology*, 2013, 98 (3): 529–539.

Michel, J. W., Tews, M. J., & Kavanagh, M. J., Development and

Validation of the Customer-centered Behavior Measure, *Service Industries Journal*, 2014, 34 (13): 1075 – 1091.

Milam, A. C., Spitzmueller, C., & Penney, L. M., Investigating Individual Differences Among Targets of Workplace Incivility, *Journal of Occupational Health Psychology*, 2009, 14 (1): 58 – 69.

Mitchell, M. S., & Ambrose, M. L., Abusive Supervision and Workplace Deviance and the Moderating Effects of Negative Reciprocity Beliefs, *Journal of Applied Psychology*, 2007, 92 (4): 1159 – 1168.

Morrison, E. W., & Phelps, C. C., Taking Charge at Work: Extra Role Efforts to Initiate Workplace Change, *Academy of Management Journal*, 1999, 42 (4): 403 – 419.

MOW, International Research Team, *The Meaning of Working*, New York: Academic Press, 1987.

Mullen, J. E., & Kelloway, E. K., The Effects of Interpersonal Customer Mistreatment on Employee Retaliation, *International Journal of Workplace Health Management*, 2013, 6: 118 – 128.

Muthén, B., Latent Variable Modeling of Longitudinal and Multilevel Data, *Sociological Methodology*, 1997, 27 (1): 453 – 480.

Muthén, L. K., & Muthén, B. O., Statistical Analysis with Latent Variables, 1998.

Neubert, M. J., Kacmar, K. M., Carlson, D. S., Chonko, L. B., & Roberts, J. A., Regulatory Focus as a Mediator of the Influence of Initiating Structure and Servant Leadership on Employee Behavior, *Journal of Applied Psychology*, 2008, 93 (6): 1220 – 1223.

Newman, A., Schwarz, G., Cooper, B., & Sendjaya, S., How Servant Leadership Influences Organizational Citizenship Behavior: The Roles of LMX, Empowerment, and Proactive Personality, *Journal of Business Ethics*, 2015, 145: 49 – 62.

Niklas, C. D., & Dormann, C., The Impact of State Affect on Job Satisfaction, *European Journal of Work and Organizational Psychology*, 2005, 14: 367 – 388.

Oettingen, G., Mayer, D., Thorpe, J. S., Janetzke, H., & Lorenz, S., Turning Fantasies about Positive and Negative Futures into Self-improvement Goals, *Motivation & Emotion*, 2005, 29 (4): 236 – 266.

Olson-Buchanan, J. B., & Boswell, W. R., An Integrative Model of Experiencing and Responding to Mistreatment at Work, *Academy of Management Review*, 2008, 33 (1): 76 – 96.

Ordanini, A., & Parasuraman, A., Service Innovation Viewed Through a Service-dominant Logic Lens: a Conceptual Framework and Empirical Analysis, *Journal of Service Research*, 2011, 14 (1): 3 – 23.

Ostrom, A., Parasuraman, A., Bowen, E. D., Patricio, L., & Christopher, A. Voss, Service Research Priorities in a Rapidly Changing Context, *Journal of Service Research*, 2015, 18 (2): 127 –59.

Parker, S. K., Enhancing Role Breadth Self-efficacy: The Roles of Job Enrichment and Other Organizational Interventions, *Journal of Applied Psychology*, 1998, 83 (6): 835 –852.

Parker, S. K., & Axtell, C. M., Seeing Another Viewpoint: Antecedents and Outcomes of Employee Perspective Taking, *Academy of Management Journal*, 2001, 44 (6): 1085 –1100.

Parker, S. K., Bindl, U. K., & Strauss, K., Making Things Happen: a Model of Proactive Motivation, *Journal of Management*, 2010, 36 (4): 827 –856.

Parker, S. K., & Collins, C. G., Taking Stock: Integrating and Differen Tiating Multiple Proactive Behaviors, *Journal of Management*, 2010, 36 (3): 633 –662.

Parker, S. K., Williams, H. M., & Turner, N., Modeling the Antecedents of Proactive Behavior at Work, *Journal of Applied Psychology*, 2006, 91 (3): 636 –652.

Parris, D. L., & Peachey, J. W., Encouraging Servant Leadership: A Qualitative Study of How a Cause-related Sporting Event Inspires Participants to Serve, *Leadership*, 2013, 9: 486–512.

Paustian-Underdahl, S. C., & Halbesleben, J. R. B., Examining the Influence of Climate, Supervisor Guidance, and Behavioral Integrity on Work-family Conflict: A Demands and Resources Approach, *Journal of Organizational Behavior*, 2014, 35: 447–463.

Petrou, P., Bakker, A. B., & van den Heuvel, M., Weekly Job Crafting and Leisure Crafting: Implications for Meaning-making and Work Engagement, *Journal of Occupational and Organizational Psychology*, 2016, 90 (2): 129–152.

Podolny, J. M., Khurana, R., & Hill-Popper, M., Revisiting the Meaning of Leadership, *Research in Organizational Behavior*, 2004, 26 (4): 1–36.

Podsakoff, P. M., Mackenzie, S. B., Lee, J. Y., & Podsakoff, N. P., Common Method Biases in Behavioral Research: A Critical Review of the Literature and Recommended Remedies, *Journal of Applied Psychology*, 2003, 88 (5): 879–903.

Rafferty, A. E., & Restubog, S. L. D., The Influence of Abusive Supervisors on Followers' Organizational Citizenship Behaviours: The Hidden Costs of Abusive Supervision, *British Journal of Management*, 2011, 22 (2): 270–285.

Rank, J., Carsten, M. J., Unger, M. J., & Spector, E. P., Proactive Customer Service Performance: Relationships with Individual, Task, and Leadership Variables, *Human Performance*, 2007, 20 (4): 363–390.

Raub, S., & Liao, H., Doing the Right Thing Without Being Told: Joint Effects of Initiative Climate and General Self-efficacy on Employee Proactive Customer Service Performance, *Journal of Applied Psychology*, 2012, 97 (3): 651–667.

Rimé, B., Emotion Elicits the Social Sharing of Emotion: Theory and Empirical Review, *Emotion Review*, 2009, 1 (1): 60 – 85.

Ro, H., & Chen, P. J., Empowerment in Hospitality Organizations: Customer Orientation and Organizational Support, *International Journal of Hospitality Management*, 2011, 30 (2): 422 – 428.

Rofcanin, Y., Las, H. M., & Bakker, A. B., Family Supportive Supervisor Behaviors and Organizational Culture: Effects on Work Engagement and Performance, *Journal of Occupational Health Psychology*, 2017, 22 (2): 207 – 217.

Rosenbaum, M. S., & Massiah, C. A., When Customers Receive Support from Other Customers: Exploring the Influence of Intercustomer Social Support on Customer Voluntary Performance, *Journal of Service Research*, 2007, 9: 257 – 270.

Rosso, B. D., Dekas, K. H., & Wrzesniewski, A., On the Meaning of Work: A Theoretical Integration and Review, *Research in Organizational Behavior*, 2010, 30: 91 – 127.

Schmitt, A., Belschak, F. D., & Den Hartog, D. N., Feeling Vital after a Good Night's Sleep: The Interplay of Energetic Resources and Self-efficacy for Daily Proactivity, *Journal of Occupational Health Psychology*, 2017, 22 (4): 443 – 454.

Schneider, B., Ehrhart, M. G., Mayer, D. M., Saltz, J. L., & Niles-jolly, K., Understanding Organization-customer Links in Service Settings, *Academy of Management Journal*, 2005, 48: 1017 – 1032.

Schneider, B., White, S. S., & Paul, M. C., Linking Service Climate and Customer Perceptions of Service Quality: Tests of a Causal Model, *Journal of Applied Psychology*, 1998, 83 (2): 150 – 163.

Seo, M. G., Barrett, L., & Bartunek, J., The Role of Affective Experience in work Motivation, *Academy of Management Review*, 2004, 29 (3): 423 – 439.

Seo, M. G., Bartunek, J. M., & Barrett, L. F., The Role of Affective Experience in work Motivation: Test of a Conceptual Model, *Journal of Organizational Behavior*, 2010, 31 (7): 951 – 968.

Sharma, A., & Levy, M., Salespeople's Affect Toward Customers: Why Should it be Important for Retailers? *Journal of Business Research*, 2003, 56: 523 – 528.

Shrauger, J. S., & Schoeneman, T. J., Symbolic Interactionist View of Self-concept: Through the Looking Glass Darkly, *Psychological Bulletin*, 1979, 86 (3): 549 – 573.

Skarlicki, D. P., van Jaarsveld, D. D., Shao, R., Song, Y. H., & Wang, M., Extending the Multifoci Perspective: The Role of Supervisor Justice and Moral Identity in the Relationship Between Customer Justice and Customer-directed Sabotage, *Journal of Applied Psychology*, 2016, 101: 108 – 121.

Sonnentag, S, & Spychala, A., Job Control and Job Stressors as Predictors of Proactive Work Behavior: Is Role Breadth Self-efficacy the Link? *Human Performance*, 2012, 25 (5): 412 – 431.

Song, Y., Liu, Y., Wang, M., Lanaj, K., Johnson, R. E., & Shi, J., A Social Mindfulness Appraoch to Understanding Experience Customer Mistreatment: A Within-person Field Experiment, *Academy of Management Journal*, 2018, 61: 994 – 1020.

Spreitzer, G. M., An Empirical Test of a Comprehensive Model of Intrapersonal Empowerment in the Workplace, *American Journal of Community Psychology*, 1995, 23 (5): 601 – 629.

Stake, R. E., The Art of Case Study Research, *Modern Language Journal*, 1995, 80 (4): 556 – 557.

Steger, M. F., Dik, B. J., & Duffy, R. D., Measuring Meaningful Work the Work and Meaning Inventory (wami), *Journal of Career Assessment*, 2012, 20 (3): 322 – 337.

Strauss, AnselmStrauss, A., & Corbin, J., *Basics of Qualitative*, Newbury Park, CA: Sage. Vicious Circle. NASSP Bulletin, 1990, 82: 4 – 10.

Strauss, K., & Parker, S. K., *Effective and Sustained Proactivity in the Workplace: A Self-determination Theory Perspective*, *The Oxford Handbook of Work Engagement, Motivation, and Self-Determination Theory*, 2014.

Susskind, A. M., Kacmar, K. M., & Borchgrevink, C. P., Customer Service Providers' Attitudes Relating to Customer Service and Customer Satisfaction in the Customer-server Exchange, *Journal of Applied Psychology*, 2003, 88 (1): 179.

Szpunar, K. K., Episodic Future Thought: An Emerging Concept, *Perspective on Psychological Science*, 2010, 5 (2): 142 – 162.

Tedeschi, J. T., & Felson, R. B., *Violence, Aggression, and Coercive Actions*, Washington, DC: American Psychological Association, 1994.

Tesser, A., Millar, M., & Moore, J., Some Affective Consequences of Social Comparison and Reflection Processes: The Pain and Pleasure of Being Close, *Journal of Personality & Social Psychology*, 1988, 54 (1): 49 – 61.

Thomas, J. P., Whitman, D. S., & Viswesvaran, C., Employee Proactivity in Organizations: A Comparative Meta-analysis of Emergent Proactive Constructs, *Journal of Occupational & Organizational Psychology*, 2010, 83: 275 – 300.

Tian, Q. T., Song, Y., Kwan, H. K., & Li, X., Workplace Gossip and Frontline Employees' Proactive Service Performance, *Service Industries Journal*, 2018, 2: 1 – 18.

Tims, M., Derks, D., & Bakker, A. B., Job Crafting and Its Relationships with Person-job Fit and Meaningfulness: A Three-wave Study, *Journal of Vocational Behavior*, 2016, 92: 44 – 53.

Todorova, G., Bear, J. B., & Weingart, L. R., Can Conflict be Energizing? A Study of Task Conflict, Positive Emotions, and Job Satisfaction, *Journal of Applied Psychology*, 2014, 99 (3): 451–467.

Tschan, F., Rochat, S., & Zapf, D., It's Not Only Clients: Studying Emotion work With Clients and Co-workers with an Event-sampling Approach, *Journal of Occupational and Organizational Psychology*, 2005, 78: 195–220.

Vandenberg, R. J., & Lance, C. E., A Review and Synthesis of the Measurement Invariance Literature: Suggestions, Practices, and Recommendations for Organizational Research, *Organizational Research Methods*, 2000, 5 (3): 139–158.

Vinarski-Peretz, H., & Carmeli, A., Linking Care Felt to Engagement in Innovative Behaviors in the Workplace: The Mediating Role of Psychological Conditions, *Psychology of Aesthetics Creativity & the Arts*, 2011, 5 (1): 43–53.

Walumbwa, F. O., Hartnell, C. A., & Oke, A., Servant Leadership, Procedural Justice Climate, Service Climate, Employee Attitudes, and Organizational Citizenship Behavior: A Cross-level Investigation, *Journal of Applied Psychology*, 2010, 95 (3): 517–529.

Walumbwa, F. O., Wang, P., Wang, H., Schaubroeck, J., & Avolio, B. J., Psychological Processes Linking Authentic Leadership to Follower Behaviors, *The Leadership Quarterly*, 2010, 21 (3): 901–914.

Wang, M., Liao, H., Zhan, Y., & Shi, J., Daily Customer Mistreatment and Employee Sabotage Against Customers: Examining Emotion and Resource Perspectives, *Academy of Management Journal*, 2011, 54 (2): 312–334.

Wang, M., Liu, S., Liao, H., Gong, Y., Kammeyermueller, J., & Shi, J., Can't Get It Out of My Mind: Employee Rumination after Customer Mistreatment and Negative Mood in the Next morning, *Journal of Applied Psychology*, 2013, 98 (6): 989–1004.

Warr, P. B., The Relative Importance of Proactive Inhibition and Degree of Learning in Retention of Paired Associate Items, *British Journal of Psychology*, 2011, 55 (1): 19 – 30.

Watson, D., Clark, L. A., & Tellegen, A., Development and Validation of Brief Measures of Positive and Negative Affect: The Panas Scales, *Journal of Personality and Social Psychology*, 1988, 54 (6): 1063 – 1070.

Weiss, H. M., & Cropanzano, R., Affective Events Theory: a Theoretical Discussion of the Structure, Causes and Consequences of Affective Experiences at Work, *Research in Organizational Behavior*, 1996, 18 (3): 1 – 74.

Wood, R., & Bandura, A., Social Cognitive Theory of Organizational Management, *Academy of Management Review*, 1989, 14 (3): 361 – 384.

Wrzesniewski, A., Dutton, J. E., & Debebe, G., Interpersonal Sensemaking and the Meaning of Work, *Research in Organizational Behavior*, 2003, 25 (3): 93 – 135.

Wu, C. M., Chen, T. J., Lee, Y. D., & Chen, T. F., Using Authentic Leadership and Mindfulness as Internal Marketing Mechanism for Enhancing Proactive Customer Service Performance, *Paper Presented at IEEE International Conference on Management of Innovation and Technology*, 2016.

Wu, X., Kwan, H. K., Wu, L. Z., & Ma, J., The Effect of Workplace Negative Gossip on Employee Proactive behavior in China: the Moderating Role of Traditionality, *Journal of Business Ethics*, 2015, 131 (1): 1 – 15.

Ye, Y., Zhu, H., Chen, Y., Kwan, H. K., & Lyu, Y., Family Ostracism and Proactive Customer Service Performance: an Explanation from Conservation of Resources Theory, *Asia Pacific Journal of Man-*

agement (in press), 2019.

Yeoman, I., Robertson, M., Una McMahon Beattie, Backer, E., & Smith, K. A., *The Future of Events & Festivals*, 2014.

Yin, R. K., *Case Study: Design and Methods* 4*th ed*, In United States: Library Congress Cataloguing-in-Publication Data, 2004.

Zhan, Y., Wang, M., & Shi, J., Lagged Influences of Customer Mistreatment on Employee Mood: Moderating Roles of Maladaptive Emotion Regulation Strategies, In *Individual Sources, Dynamics, and Expressions of Emotion*, 2014, 9: 203 – 224.

Zhao, X., Huo, B., Flynn, B. B., & Yeung, J. H. Y., The Impact of Power and Relationship Commitment on the Integration Between Manufacturers and Customers in a Supply Chain, *Journal of Operations Management*, 2008, 26 (3): 368 – 388.

Zhou, Z. E., Yan, Y., Che, X. X., & Meier, L. L., Effect of Workplace Incivility on End-of-work Negative Affect: Examining Individual and Organizational Moderators in a Daily Diary Study, *Journal of Occupation Health Psychology*, 2015, 20 (1): 117 – 130.

Zhu, H., Lyu, Y., Deng, X., & Ye, Y., Workplace Ostracism and Proactive Customer Service Performance: a Conservation of Resources Perspective, *International Journal of Hospitality Management*, 2017, 64: 62 – 72.

Zimmermann, B. K., Dormann, C., & Dollard, M. F., On the Positive Aspects of Customers: Customer-initiated Support and Affective Crossover in Employee-customer Dyads, *Journal of Occupational & Organizational Psychology*, 2011, 84 (1): 31 – 57.

Zolnierek, H. K. B., & Dimatteo, M. R., Physician Communication and Patient Adherence to Treatment, *Medical Care*, 2009, 47 (8): 826 – 834.

索 引

A

案例研究　42，60，63，64，78

D

动机匹配　36

G

干预研究　36，40，41，43，44，153，155，156，161，165，166，171－173，177

公仆氛围　43，113－123，126－132，165，170，171，174，175，178

公仆领导　131，175

工作意义感　28－30，43，68，69，71，74，76，100－105，107－109，111－123，125，126，128－132，154，158－161，163，165，170，173，175，178

F

访谈法　41，42，50，78，165

H

服务行业　1－3，5，8，12，17，37－40，46－49，61，62，71，77，79，83，134，151，163，164，166，169，174，175

H

互动螺旋效应　18，22－25，31，32，35，40，41，44，74，76，77，134－136，143，144，149－151，162，164，166，168，171－178

护理人员　37－43，46－56，59－64，66，67，71－80，83，84，89，94，105－107，120，121，134，136－138，146，155－157，161，164，165，167－169，174，175，177

患者　21，28，37－42，46－49，51－56，60，61，63－65，67－69，71－75，78，80，81，83，89－91，94，98，106，107，121，122，138，146，156－158，167，168，175

H

积极客户—员工关系　18，19，36

积极情绪　15，20，21，27，30，31，43，68，69，71，72，74，76，93，100－105，107－109，111－123，125，126，128－130，132，134，136，154，158－161，163，165，170，173，175，178

交叉滞后　134，139，143，148，166，172

角色宽度自我效能感　16，26，27，72，114－117，119－123，125－129，131，132，154，157，159－161，163，165，171，173，178

K

客户感恩　18，32，36，43，84，88－91，93，95，97，134，135，137，169，178

客户积极行为　19，23，24，32，75－77，94，98，129，135，136

客户取向观点采择能力　13，43，62，84，85，89，91，93－95，169，178

客户—员工互动　17，19－25，31－37，39，40，42－44，76，83，94，113，129，133，135，136，143，144，149－151，153，161，164，166，168－177

客户支持　18－22，24，25，31，32，34－37，39－44，76，79－84，87－91，93－106，108，109，111－115，118－123，125－146，148－155，157，161，166，168－178

跨层调查　43，113

L

量表编制　49，50

路径分析　109，111，125

M

每日分享　37，41，44，153－163，166，172，173，175，177，178

N

能力动机路径　116

能量动机路径　116，117，130

S

社会分享　37，43，97－99，103－106，108，109，111，112，131，132，153－157，161－163，165，170，173，174，177

社会互动理论　19，22，31，34，35，37，40，135，136，143，150，164，170，171，173，177

R

日志法　41，43，97，98，105－107，

109，113，131，165，170，174

T

探索性因素分析　50，57-59，168

调节效应　126，127

W

问卷调查　42，43，54，57，63，75，78，89，105，119，156，165

X

序列中介作用　43，97，103，104，112，132，165，170，178

Y

验证性因素分析　57，59，168

医疗行业　37-42，47-49，61-63，72，75，77，81，83，84，89，90，106，121，134，138，146，158，164，165，167-169，174，175

意愿动机路径　116

影响因素　2，8，9，12，13，26-28，40-43，46，60-64，66-68，71，72，75-78，84，94，97，165，167-169

有调节的中介效应　119，127

Z

扎根理论　41，42，48-50，53-56，63，64，66，71，167，168

中介效应　111，112，119，120，126，127，132，170

主动动机状态　15，16，25，30，31，43，73，74，97，99，100，102-104，111-119，123，125-132，151，154，159-163，165，170，171，174，175，178

主动动机模型　14-16，25，31，33，34，36，37，40，99，102，103，113，116，117，128-131，164，171，173，174，177

主动性人格　12，14，33，43，62，72，84，85，89，91，93-96，122，169，178

准实验设计　41，153，155，161，162，166，173

自回归交叉滞后模型　148

自我效能感　10，13，15，16，25-27，43，62，68，69，71，72，74-76，84，96，100，102-109，111-123，125-132，154，157，159-161，163，165，168，170，171，173，175，178

纵向研究　41，134，138，144，145，149，151，172，176

作用效果　2，5，6，8，21，28，40-42，46，60-64，66，68，69，71，72，75-79，83，94，111，129，165，167-169

后　　记

　　感谢国家社科基金后期资助项目中优秀博士论文出版项目的资助，这无疑是对我博士期间研究工作的肯定和鼓励。本书萌发于笔者对服务行业发展的关注以及对主动服务客户行为的科研兴趣，成型于自己的博士学位论文，结合近年来的研究新进展，对论文内容多次进行修订后，本书才最终得以付梓。在这段学术旅途中，得到很多人的支持和帮助。在此，我向他们致以最诚挚的谢意。

　　感谢华中师范大学心理学院各位老师的悉心教诲，尤其要感谢马红宇教授，作为我的博士生导师，生活上给予我无微不至的关怀，学术上给予我认真细致的指导。在论文选题时，让我明白什么是一个有趣的选题；在模型论证时，让我感受到学术的严谨；在数据收集过程中，让我学会如何将理论运用到实践中；在论文撰写过程中，让我明白学术写作规范的重要性。感谢我的硕士生导师徐富明教授，带我进入心理学世界，理解学术的纯粹，感受研究的乐趣和魅力。

　　感谢华中科技大学社会学院各位老师对我的关心和支持，切实感受到这个大家庭的温暖。感谢丁建定、萧莉、刘成斌、王茂福、石人炳、谭静、郭静、高翔、李娜、任敏、罗艳、陈颀、谢勇才、王彦蓉、杨婷、刘河庆等老师，在工作中给予我耐心的引导和鼓励，给予我成长的平台和空间。感谢华中科技大学管理学院龙立荣教授、王海江和郑璐老师给予我学习的机会，让我在管理心理学的研究领域有进一步的拓展。

　　在完成博士毕业论文的过程中，不仅要感谢一直支持我帮助我的各个医院的护理部领导，如十堰市太和医院护理部詹燕护士长、李龙倜主任，中医院蔡红霞主任，茅箭区人民医院刘芳主任，郧阳区中医院蒋国凤主任等，更要感谢所有奋战在临床一线的医护人员，感谢你们的全力配合和支持，让我有机会可以全面了解护理人员的工作，针对护患互动的过程进行深入探讨。在调研过程中，我观察到护理人员在工作中如何主动为患者提供优质服务，不仅认真帮助患者进行治疗，而且当患者表现出焦虑情绪时，主动安慰他；当患者在生活方面遇到困难时，主动帮助其解决问题。在新冠肺炎爆发之际，医护人员主动请缨，走上抗击病毒的第一线，逆行者再次向我们展示了医护人员的奉献精神和专业素养，他们用微笑融化病人的伤痛，用耐心疏解病人的忧虑，用生命守护生命。相信正如本书中所揭示的那样，护患之间能建立起积极的护患互动螺旋，促使护患关系越来越好，构建医患、护患之间和谐健康的互动关系，实现医院、患者和护理人员的共赢。致敬最美逆行者！

感谢中国社会科学出版社对本书出版工作的支持，特别感谢责编王曦，感谢她详细地解答我的疑问，认真、细致对本书进行校对。

特别感谢家人对我始终如一的关爱和无条件支持。你们永远是我坚强的后盾，是你们给了我前进的动力，让我可以不断突破自我。

学术道路无止境，本书不足乃至谬误之处敬请专家和同人提出宝贵意见。我会继续一步一个脚印地向前走，不忘初心，探索自己心中的每一个未知。

张　慧

2020 年 3 月 30 日